LES AMOURS DE PSYCHÉ,

PIÈCE FANTASTIQUE, MÊLÉE DE CHANT, EN TROIS ACTES ET DIX TABLEAUX;

PRÉCÉDÉE DE

L'OLYMPE,

PROLOGUE,

PAR MM. DUPEUTY ET MICHEL DELAPORTE,

Charles Desvré

Musique de M. ADOLPHE; décors de MM DEVOIR et POURCHET; Ballets de M. RENAUZY; Costumes de M. V. DEBLIN.

Représentée, pour la première fois, sur le théâtre des Folies-Dramatiques, le 4 septembre 1841.

DISTRIBUTION :

JUPITER	M. OCTAVE.	MINERVE	Mlle HÉLOÏSE.
CAPRICORNE	M. CHOL.	ZAPHIRA	Mlle LOUISE R.
SERPOLET	M. PALAISEAU.	AMPHITRITE	Mme BALTHAZARD.
APOLLON	M. JULES.	MERCURE	M. DESQUELS.
PSYCHÉ	Mme M. ROUSSEL.	VULCAIN	M. DOIT.
VÉNUS	Mme ADAM.	UNE NYMPHE	Mlle JULIARD.
L'AMOUR	Mlle A. LEGROS.	UN PETIT MARMITON	Mlle NINA.
HÉCATE	Mlle AGLAÉ.		
NICOLETTE	Mlle LEROUX.		

DIEUX, DÉESSES. — PAYSANS, PAYSANNES. — PÊCHEURS. — DÉMONS. — AMOURS. — BOHÉMIENS, etc.

BALLETS.

AU PREMIER ACTE. — Boléro dansé par M. MAXIMILIEN et Mlle CLOTILDE LAURENT. — Pas de Bohémiens dansé par MM. CARELLE, ALPHONSE, DESQUELS, JULES, HENRI FERDINAND, Mmes CARELLE, PÉROLINE, ELÉONORE, JULIARD, EMILIE et PHILASTRE.

AU DEUXIÈME ACTE. — Pas de trois dansé par les petites BÉATRIX, VIRGINIE et ADÉLAÏDE.

L'OLYMPE,

PROLOGUE.

PREMIER TABLEAU. — Le théâtre représente le palais des Dieux du paganisme sur le mont Olympe. — Au quatrième plan, les Dieux et les Déesses, chacun avec le costume et les accessoires qui lui sont propres, occupent des trônes brillans disposés dans une estrade élevée. Jupiter est au centre et domine la scène. A la gauche de Jupiter, Hébé, lui versant l'ambroisie; à sa droite, Junon, et ainsi de suite, les autres Dieux et Déesses placés suivant leur importance.

SCÈNE I.

JUPITER, VÉNUS, DIEUX et DÉESSES.

Au lever du rideau, Vénus, sur le premier plan, regarde vers la gauche dans l'espace d'un air inquiet; les Dieux et les Déesses partagent sa sollicitude, l'interrogent, et viennent bientôt près d'elle pour la consoler.

CHOEUR DES DIEUX ET DÉESSES.

Air de Masini.

Quel est donc, ô déesse,
L'objet de vos douleurs?
Pourquoi cette tristesse?
Pourquoi ces yeux en pleurs?

VÉNUS.

Hélas! de tristes causes,

O mes amis, mes sœurs,
Ont fait tomber les roses
De mon sceptre de fleurs...

REPRISE DU CHŒUR.

Quel est donc, déesse, etc.

(Sur la reprise du chœur, les Dieux et Déesses sont descendus de leur estrade et se rangent autour de Vénus.)

JUPITER.

Voyons, voyons, ma petite Vénus, montrez-nous un visage plus riant... Que diable! voyez, moi, malgré les soucis de l'empire, je suis gras, bien portant, je fais mes quatre repas...

VÉNUS.

Vous m'ennuyez!

JUPITER.

Bien obligé! Elles me disent toutes la même chose, ces dames, depuis que je suis vieux...

VÉNUS.

Ne savez-vous pas que l'Amour, que mon fils, a quitté l'Olympe, et qu'on ignore ce qu'il est devenu?

JUPITER.

Le fait est que le petit drôle fait l'école buissonnière... Mais ne faut-il pas que jeunesse se passe?.. (Soupirant.) Hélas! le grand malheur, c'est quand elle est passée.

VÉNUS.

C'est votre faute, aussi... Pourquoi ne pas vous occuper un peu des affaires de l'état?.. Pourquoi ne pas avoir une bonne police?

JUPITER.

Parce que je suis un bon prince. D'ailleurs, Vénus, ma chère, vous êtes injuste... N'ai-je pas créé, afin de vous être agréable, un inspecteur-général pour ces fonctions délicates, le cousin de l'Hymen, Capricorne, jusqu'ici simple signe du zodiaque, que j'ai élevé, pour ce seul fait, à la dignité de quart de dieu?

VÉNUS.

Beau fonctionnaire, ma foi, que j'ai envoyé depuis plus de trois jours à la recherche de mon fils, et qui ne donne seulement pas de ses nouvelles!..

JUPITER.

Voulez-vous que je regarde dans l'espace, pour voir si notre messager revient?

VÉNUS.

Certainement! Il y a une heure que vous auriez dû le faire...

JUPITER, appelant.

Mercure, mon lorgnon... (Mercure apporte un énorme télescope et le pose à gauche.) Pose-le là... Bien... (Il regarde dans le télescope.)

VÉNUS.

Voyez-vous quelque chose?

JUPITER.

Oui... je vois, bien loin, bien loin, une petite boule qui tourne... Oui, ma foi... c'est la terre, cette obscure planète de troisième ordre, peuplée de pygmées et autres myrmidons...
Dieux! sont-ils petits! sont-ils petits!

Air: Tout le long, le long de la rivière.

Mon Dieu! qu'ils sont drôles, là-bas,
Ces nains marchant la tête en bas!
On dirait une fourmilière
Qui se dispute un peu de terre.
Quel trouble, quel salmigondis,
Dans leur pauvre et triste taudis!
Des myrmidons s'agiter de la sorte!..
S'ils ne sont pas fous, que le diable m'emporte!
Je veux que le diable m'emporte!

Que de brouillons, que de bavards
Viennent s'offrir à mes regards!
Chez ces mortels, que mon tonnerre
Réduirait si vite en poussière,
Je vois des sots, des charlatans,
Faire la pluie et le beau temps...
Quand ces gens-là frapperont à ma porte,
Si je les reçois, que le diable m'emporte!
Je veux que le diable m'emporte!

VÉNUS, avec impatience.

Mais, mon fils, mon fils, vieux radoteur?

JUPITER.

Prenez garde, gentille déesse, vous finiriez par lasser ma patience; je veux bien vous laisser faire à peu près toutes vos volontés, mais je n'ai pas envie qu'on dise que le tonnerre est tombé en quenouille, et que je suis un Dieu fainéant...

UNE DÉESSE, qui a regardé en dehors.

Mesdames, Mesdames, il me semble que j'aperçois Capricorne.

VÉNUS.

Ah! nous allons savoir des nouvelles, enfin!

SCÈNE II.

LES MÊMES, CAPRICORNE.

(Il arrive par la gauche. Sa tête est celle d'un satyre; de plus, elle est surmontée de grandes cornes.)

CAPRICORNE.

Air du Philtre.

Dieu très cornu,
Je suis connu!
Je suis connu, dans tous pays,
D'une infinité de maris!
Mon signe paraît et rayonne
Sur le front de mainte personne...

Dieu très cornu, etc.

(Allant vers Vulcain.)

Vulcain, ce n'est par pour vous que je dis ça.

TOUS.

Oh! qu'il est laid!

CAPRICORNE.

Mon entrée fait de l'effet, à ce que je vois.

VÉNUS.

Je suis déesse de premier ordre, c'est à moi qu'appartient d'abord la parole...

JUPITER.

Avant tout, reine de Cythère, je dois demander à Capricorne des renseignemens sur mes administrés les humains.

CAPRICORNE.

Oh! grand Jupiter, ils sont gentils vos administrés les humains! Ils se comportent avec vous comme des drôles... Dans vos temples, il n'y a plus un chat; sur vos autels, pas plus d'encens que sur mon nez. Dans cette Egypte même où l'on vous adorait sous la forme d'un bœuf, d'un taureau, ou sous la simple enveloppe d'un navet ou d'une carotte, plus rien, maintenant... plus rien du tout, du tout...

Air de la Famille de l'Apothicaire.

Oui, ces mortels dégénérés,
De vous, se souvenant à peine,
Mettent les légumes sacrés
En potages à la julienne!
Ils croquent les divins radis,
Et même, dans l'île de Rhodes,
D'une cuisse du bœuf Apis,
J'ai vu faire un bœuf à la mode.

Je vous en parle savamment, j'en ai mangé...

JUPITER.
Tu en as mangé, malheureux!

CAPRICORNE.
Mais, ce n'est rien que cela... Si vous saviez quel usage ils font de votre nom redoutable...

JUPITER.
Voyons, parle, qu'en font-ils?

CAPRICORNE.
Ils osent le donner à leurs danois et à leurs boule-dogues; si bien que j'ai très souvent entendu dire à un mortel : Jupiter, à c'te niche!

JUPITER.
Les téméraires! Oh! si Apollon ne m'avait défendu, pour ma santé, de me mettre en colère, je les pulvériserais tous à l'instant même.

VÉNUS.
C'est assez nous occuper de ces vils mortels. Capricorne, parle-moi de mon fils.

CAPRICORNE.
De l'Amour?.. Ah! belle-mère, c'est-à-dire *mère belle*, je n'ai rien de bon à vous en dire... Depuis qu'il a quitté furtivement l'Olympe, prétendant que l'âge de ces dames rendait ici sa présence inutile, il mène sur terre l'existence la plus... décolletée!

Air de Pilati.

A toutes les jeunes filles,
Il va conter des douceurs...
Et choisit les plus gentilles
Pour escamoter leurs cœurs...
Auprès d'une jouvencelle,
Il est si vite vainqueur,
Qu'il n'est plus temps quand la belle
Crie : Au voleur! au voleur!..
Mais la blessure est mortelle...
 Car l'Amour,
 Tour-à-tour,
Aux colombes, nuit et jour,
Fait la guerre en vrai vautour;
Puis, comme un mauvais sujet,
Rit de tous les maux qu'il fait.
 Le petit mauvais sujet,
 Rit de tous les maux qu'il fait.

JUPITER, riant et se frottant les mains.
Bravo! bravo! Je reconnais là mon élève!

CAPRICORNE.
Bref, je crains bien qu'il n'ait dit adieu pour long-temps aux nymphes et aux déesses.

VÉNUS, aux Déesses.
Quelle honte, Mesdames, pour toutes les beautés de l'Olympe!

CAPRICORNE.
Si ce n'était que ça, encore!

JUPITER, riant.
Il y a encore autre chose?

VÉNUS.
Parle, parle.

CAPRICORNE.
Je vais tout vous dire. Il existe en Sicile une simple fille de pêcheur, nommée Psyché, qui, au mépris de vos lois, avait juré de n'aimer personne. Piqué de ce serment, votre fils voulut la punir, et l'étourdi, saisissant son flambeau avec trop de précipitation, eut la maladresse de s'y brûler les doigts... Depuis lors, blessé par ses propres armes, il en subit, à son insu, les funestes effets.

VÉNUS.
Qu'est-ce que j'apprends là!

CAPRICORNE.
Après tout, délicieuse Cypris, il n'est pas étonnant que votre fils, qui est délicat et blond, se soit brûlé à ces flammes qui ont eu la force d'entamer la peau de Pluton, d'Hercule, et récemment du seigneur Jupiter lui-même, tout coriace qu'il est.

JUPITER.
Capricorne, pas de personnalités! (A part.) Junon va encore me faire une belle scène!

VÉNUS, passant auprès de Jupiter.
Jupiter, il faut, à tout prix, que mon fils remonte aux cieux et qu'il y reste pour toujours.

JUPITER.
Oui; mais, comment?

CAPRICORNE.
Oh! une idée!.. une idée biscornue!.. Si on le mariait?

JUPITER.
Le marier!.. Pauvre petit!..

CAPRICORNE.
Les douceurs de la paternité l'attacheraient à notre céleste sol.

VÉNUS, à Capricorne.
Certainement, c'est une bonne idée; mais, d'abord, il faudrait le rattraper.

CAPRICORNE.
Oh! j'y ai déjà pensé, et, comme je veux gagner avec loyauté mes appointemens, je me suis promis, à son égard, une légère escobarderie.

JUPITER.
Homme estimable!

CAPRICORNE.
Après avoir gagné sa confiance, en le flattant, comme c'est l'usage, je lui ai dit en confidence: « Mon bon ami, l'on a mis des espions à vos » trousses, on vous cherche partout : pour éviter » les soupçons, vous devriez rendre une petite » visite à papa et à maman, ne dussiez-vous rester dans l'Olympe qu'un jour, même qu'une » heure. »

VÉNUS.
Et il a promis?
CAPRICORNE.
Il a promis.
VÉNUS.
Eh bien!.. il faut le guetter, l'espionner.
CAPRICORNE.
L'espionner, ça me regarde.
VÉNUS.
Et, une fois ici... oh! une fois ici... il ne s'en ira plus.
JUPITER, à part.
Nous verrons ça, nous verrons ça... Mesdames.
CAPRICORNE.
J'espère, incomparable Cypris, que si nous réussissons... vous ne me refuserez pas un peu d'avancement... Je ne suis que quart de dieu, c'est bien peu de chose pour un célibataire qui cherche à s'établir... Si j'étais seulement demi-dieu! Je connais dans la société une demoiselle... une vestale... qui ne demanderait pas mieux, je crois, que de s'appeler Mme Capricorne.
VÉNUS.
C'est bon... Je ne t'oublierai pas plus que tu ne t'oublies toi-même.
(Musique vive et légère à l'orchestre.)
CAPRICORNE, à part.
Alors, je suis tranquille. (Haut, prêtant l'oreille.) N'avez-vous rien entendu?
TOUS.
Non.
CAPRICORNE.
Il m'a pourtant semblé... Oh! c'est que j'ai l'oreille bonne, moi... c'est mon état... Écoutez, écoutez... un bruissement d'ailes... C'est notre fugitif.
VÉNUS.
Vite, chacun à son poste, et ne le laissons pas échapper... Jupiter, j'espère que vous ne nous trahirez pas.
JUPITER.
Moi!.. Oh! j'en suis incapable... Vous êtes si bonne, si aimable, si complaisante... (A part.) Comme je dissimule!..
CAPRICORNE.
C'est lui! c'est lui!
CHOEUR.
Air : Le voilà.

Le voilà ! le voilà !
Silence
Et prudence!
Le voilà ! le voilà !
Cachons-nous tous là.

(Ils disparaissent, moitié par la droite, moitié par la gauche. Pendant ce temps, l'Amour au milieu d'un nuage, vient par le fond et s'arrête à la hauteur de l'estrade, sur laquelle il descend. Il est censé monter de la terre.)

SCÈNE III.

L'AMOUR, seul, puis CAPRICORNE.

L'AMOUR, venant en scène.

Brou ! je suis tout transi... (Il secoue ses ailes.) Je n'ai plus l'habitude de traverser les nuages... mes ailes en sont toutes mouillées... (Il les secoue de nouveau.) Et puis, vrai, je ne me ménage pas assez... On a beau être l'Amour, on n'est pas de fer! (Appelant.) Comus, une coupe d'ambroisie pour réchauffer mes sens engourdis.
CAPRICORNE, portant un vase et une coupe d'or.
A vos ordres, mon gentil maître.
L'AMOUR.
Tiens, c'est toi, Capricorne?
CAPRICORNE.
J'ai voulu vous servir moi-même, vous servir... comme c'est mon devoir.
L'AMOUR, rendant la coupe à Capricorne, après avoir bu.
Tu le vois, j'ai suivi tes conseils... Mais, je t'en préviens, je ne veux pas faire ici un long séjour. Je m'ennuie déjà d'être éloigné de celle que j'aime.
CAPRICORNE, après avoir bu.
Ah ça ! mais, c'est donc une passion véritable que vous ressentez pour cette petite villageoise ?
L'AMOUR.
Je suis honteux de te l'avouer, c'est de la folie... du délire !..
CAPRICORNE.
Elle est donc bien jolie ?
L'AMOUR.
L'objet aimé n'est-il pas toujours charmant ?
CAPRICORNE.
Un ange... connu !.. Pour mériter cette apothéose, que faut-il ? Eh ! mon Dieu ! rien qu'un peu de jeunesse... la beauté du diable, comme on dit... Mais, vous ne m'avez pas parlé de vos progrès dans le cœur de la belle; sans doute, votre tendre sentiment est partagé ?
L'AMOUR.
Hélas ! non; jusqu'à présent, il m'a été impossible de parvenir jusqu'à elle.
CAPRICORNE, buvant.
Comment ! vous, le dieu le plus malin, le plus inventif, vous n'avez pu...
L'AMOUR.
Ne sais-tu pas que l'amour qui a recours à la violence n'a plus rien à espérer ? Aussi, c'est l'adresse, la ruse, que je veux employer près de cette beauté sauvage... Psyché, comme toutes les jeunes filles, aime à courir après les papillons... J'emprunte la forme de l'un d'eux... je me laisse prendre par elle... et, une fois dans sa chambrette...
CAPRICORNE.
Petit scélérat, je vous devine...
L'AMOUR.
Mais, l'heure se passe... Va t'informer près de ma mère si elle peut me recevoir... Elle me fera probablement un peu de morale; mais, bast! j'y suis fait... Va, dépêche-toi... (Il fait passer Capricorne à sa gauche.) Quelques minutes d'entre-

tien, deux chastes baisers sur ses beaux yeux, et je reprends mon vol vers la terre.
CAPRICORNE, riant.
Vraiment! Et les autres, qui croient que vous allez rester ici... Les bonnes dupes!
L'AMOUR.
Ne t'avise pas de les détromper!
CAPRICORNE.
Oh! je m'en garderai bien... Pour qui me prenez-vous? (A part.) Allons faire mon rapport... (Haut.) En attendant, si vous voulez jeter un coup-d'œil sur le séjour de votre belle, voici la lorgnette du seigneur Jupin... (Buvant.) C'est drôle, comme je merds à l'ambroisie... Je bois ça comme du petit vin de propriétaire.
(Il sort.)

SCÈNE IV.

L'AMOUR, seul, regardant dans le télescope.

C'est de ce côté que doit se trouver le modeste hameau qu'elle habite... Oui, je distingue, au loin, sa petite maisonnette... Une jeune fille paraît à sa fenêtre... C'est elle! c'est Psyché! Ah! mon Dieu! la fenêtre se ferme... Plus rien... Si! je crois voir un jeune garçon qui reste là en contemplation!.. (Descendant la scène.) Est-ce que j'aurais un rival?.. Par Jupiter! je ne veux pas me laisser devancer... Ma foi, j'embrasserai ma mère un autre jour, et les Dieux se passeront de moi... (Agitant ses ailes.) Vive la terre! adieu l'Olympe! (Il va pour s'enlever, mais une cage dorée, d'une forme légère et élégante, l'enveloppe de toutes parts.) Trahison! je suis pris!

SCENE V.

L'AMOUR, dans la cage, JUPITER, CAPRICORNE, VÉNUS, DIEUX et DÉESSES.

CHŒUR.

Air de la Chaste Suzanne.

Le petit lutin,
On le tient enfin!
Ah! comme il enrage,
Au fond de sa cage!
Voyez donc ici
Comme il est gentil!
Eh! mais, qu'il est donc gentil,
Enfermé dans sa cage!
Mon Dieu! qu'il est gentil!
Voyez comme il enrage!

L'AMOUR.
C'est un guet-apens!.. un abus de confiance! Me mettre en cage, comme un chardonneret!
JUPITER.
Pauvre chérubin! il me fait de la peine...
VÉNUS.
Je vous le conseille, prenez sa défense...
JUPITER, à part.
Eh bien! je suivrai ton conseil.

L'AMOUR, suppliant d'une voix câline.
Ma mère, délivrez-moi... Je vous promets de me ranger.
VÉNUS.
Eh bien! nous allons voir si tu dis vrai.
L'AMOUR.
Oh! mettez-moi à l'épreuve, je ferai tout ce que vous voudrez.
VÉNUS.
Tu peux sortir de la prison, à une condition!
L'AMOUR.
Laquelle?
VÉNUS.
Marie-toi...
L'AMOUR.
Me marier! Mais, c'est la liberté que je demande.
VÉNUS.
Consens à quitter tes ailes et à épouser la Sagesse... à l'instant! à l'instant même!
L'AMOUR.
La Sagesse!.. mais, je ne la connais pas.
CAPRICORNE.
Vous ferez connaissance.
L'AMOUR, frappant du pied.
Plutôt rester ici pendant des siècles, par exemple!
VÉNUS.
Nous verrons qui se lassera le premier.
JUPITER, bas, à la dérobée.
Consens.
L'AMOUR.
Hein?
JUPITER, de même.
Consens, te dis-je.
VÉNUS.
Eh bien, mon fils?
L'AMOUR.
Eh bien! ma mère... (A part.) Ma foi, au petit bonheur... (Haut.) Puisque vous l'exigez, je ne veux pas vous faire de chagrin... et... je consens...
VÉNUS.
Jurez-le.
L'AMOUR.
Je le jure...
VÉNUS.
Par le Styx?
L'AMOUR.
Par le Styx!
VÉNUS.
Capricorne, ouvre la cage.
(La cage disparaît. L'Amour n'a plus ses ailes.)
CAPRICORNE, qui a fait un pas pour ouvrir la cage.
C'est plus tôt fait, comme ça.
VÉNUS.
Embrasse-moi... Nous, allons tout préparer pour la cérémonie.
CAPRICORNE.
Seigneur Cupidon, permettez-moi de vous faire mon compliment. Soyez heureux en ménage, et, surtout, ayez beaucoup d'enfans. Je m'inscris pour être parrain de votre premier.
L'AMOUR, descendant la scène, et à part.
Sois tranquille, toi... Si jamais tu te maries, je te procurerai de l'avancement!

CHOEUR.

Air de Mme Molinos-Laffitte.

Saluons tous le modèle,
Le modèle des époux ;
Désormais tendre et fidèle,
Il va rester parmi nous.

(Tous sortent, à l'exception de l'Amour, qui boude et se dépite.)

SCÈNE VI.

L'AMOUR, seul.

Eh bien ! me voilà gentil ! Privé de mes ailes, ne pouvoir retourner sur terre, et me voir forcé de renoncer à cette petite Psyché. Et ce vieux Jupiter qui me fait consentir... Je vois ce que c'est : il veut se débarrasser de sa vieille fille, qui est à marier depuis tantôt deux mille ans. Plus souvent que je l'épouserai, par exemple, sa vieille Sagesse !

Air de valse.

Eh quoi !
C'est moi
Qu'on veut mettre en esclavage !
Ici, qu'a-t-on ?
Me prend-on
Pour un Caton ?
Aussi,
Merci !
Non, non, pas de mariage !
Surtout avec
Un vieux profil grec
Et sec.

Tête folle,
Je raffole
D'un moment
De sentiment...
D'une ivresse
Sans tendresse,
Surtout des nuits
Sans ennuis ;
Pas de gêne,
Pas de chaîne,
Jamais de fidélité ;
Des folies,
Des orgies,
Et vive la liberté !
Désir,
Plaisir,
Puis nouvelle jouissance.
Divin
Hymen
Qui n'a pas de lendemain !
C'est là,
Voilà
Le secret de ma puissance...
Amours
Bien courts,
Et recommencer toujours !
J'entends d'ici,
Plus d'un mari

Que l'âge,
Enfin, a rendu sage,
Dire de moi,
Dans son émoi :
« Quel garnement sans foi
Ni loi !
Toujours vainqueur !
Quel imposteur !
Toujours coureur,
Ah ! quelle horreur ! »
Taisez-vous
Tous,
Vilains jaloux,
Vieux sybarites,
Vieux hypocrites ;
Vous qui criez,
Si vous pouviez,
Comme moi, vous feriez !

REPRISE.

Eh quoi !
C'est moi, etc.

Je m'amusais tant, sur la terre... Voyons donc ce qui s'y passe... (Il braque son œil à la lorgnette.) On ne voit plus la maisonnette... Tout est dans l'ombre, sur cette heureuse plage de Sicile... Et elle... seule, retirée dans sa petite chambre !.. Oh ! si j'étais là, même sans mes ailes, comme j'escaladerais la petite fenêtre, au moyen de la vigne grimpante... (*Frappant du pied.*) Ah ! je donnerais ma divinité pour le sort du dernier villageois... Car, enfin, lui, il peut la voir, la connaître, tenter de s'en faire aimer... Tandis que moi... captif, captif à jamais dans ce vilain ciel, avec le titre ridicule de mari !

(Il reste absorbé.)

SCÈNE VII.

L'AMOUR, JUPITER.

JUPITER, *appelant.*

Psit ! psit !

L'AMOUR.

Qui m'appelle ?

JUPITER.

Es-tu seul, petit ?

L'AMOUR.

Certainement, je suis seul... Et je devine ce qui vous amène... Vous venez me recommander d'être bon époux, bon père, de faire le bonheur de votre fille Minerve ?

JUPITER.

Ce n'est pas cela.

L'AMOUR.

Qu'entends-je ?

JUPITER.

Parlons bas, petit, parlons bas. Je te dirai en confidence que je suis las de la tyrannie de tous ces despotes féminins... et, pendant qu'elles croient que je fais ma sieste, je suis venu pour te délivrer et leur jouer un bon tour.

L'AMOUR.

Oh ! que c'est gentil de votre part ! Moi qui croyais... Quel brave homme de Dieu vous faites!

JUPITER.
Tu comprends que si j'ai besoin de tes petits services...
L'AMOUR.
Soyez tranquille ! c'est à charge de revanche.
JUPITER.
Marché conclu... Elles veulent te marier à la Sagesse !
L'AMOUR.
Oui, quelle folie !
JUPITER.
Tu n'en est pas amoureux, je le conçois.
L'AMOUR.
Une vieille fille dont la couronne de fiancée est un hibou !
JUPITER.
Je veux que tu retournes sur la terre... Ça me rappellera mes fredaines.
L'AMOUR.
Oh ! je ne demande pas mieux... Mais un moyen de transport ? Les paons de dame Junon ne battent plus que d'une aile.
JUPITER, soupirant.
Hélas !
L'AMOUR.
Quant aux colombes de ma mère, cet affreux Capricorne les a enfermées dans leur pigeonnier.
JUPITER, heureux de son inspiration.
Et mon aigle !
L'AMOUR.
Quoi... vous consentiriez...
JUPITER.
A te le donner pour monture... Mais, une réflexion m'arrête : j'ai un scrupule... Tu as juré d'épouser Minerve... tu l'as juré par le Styx, ce serment qui fait trembler les dieux mêmes...
L'AMOUR.
Bah ! qu'est-ce que ça fait ?

Air : T'en souviens-tu, Marie.

Elle a, je le confesse,
Reçu tous mes serments,
Si j'ai fait la promesse,
Eh bien ! je la reprends.
JUPITER.
Tu crois que c'est honnête ?
L'AMOUR.
Sur terre, ils ont, là-bas,
Une maxime prête
Pour tous les apostats :
Un serment, ça se prête,
Ça ne se donne pas.

JUPITER, riant.
Ah ! ah ! la morale me paraît un peu élastique... Mais les dieux ne doivent pas être plus difficiles que les mortels...
L'AMOUR.
Je les entends...
JUPITER.
Oui... ils viennent pour la cérémonie... Esquive-toi, vite, vite... Argus est prévenu de tout...
L'AMOUR, montant sur l'estrade du fond par l'escalier de gauche.)
Ah ! je vais donc enfin la revoir !

SCÈNE VIII.

LES MÊMES, VÉNUS, CAPRICORNE, MINERVE, en costume de fiancée, mais toujours coiffée de son casque surmonté d'un hibou ; des boucles de ses cheveux gris flottent sur ses épaules ; DIEUX, DÉESSES, avec leurs attributs. Vénus conduit la fiancée.

FINAL.

Air d'un final de Lestocq.

CHOEUR, en entrant.

O doux hymen, chaîne sacrée !
Tu nous présages des beaux jours :
Notre victoire est assurée,
L'Amour se fixe pour toujours.

(Sur un motif que l'orchestre suit seul, le vieil Hymen, habillé de jaune, vient, aidé de Capricorne, apporter un autel dont il allume ensuite le brasier avec son flambeau.)
JUPITER, avec un air ironique qu'il déguise, à Minerve.
Mais de l'hymen a sonné l'heure,
Venez, Pallas, venez, fille majeure,
L'autel est prêt, le vieil Hymen aussi...
Ma fille, il faut jurer...
VÉNUS, cherchant autour d'elle.
Eh mais ! sœurs immortelles,
Où donc est le futur ?
L'AMOUR, gardant la droite, au fond.
Regardez par ici...
TOUS.
Il nous fuit !
VÉNUS.
C'est en vain, car il n'a plus ses ailes...
L'AMOUR, désignant l'aigle de Jupiter, qui est encore hors de la vue des spectateurs.
Mais l'aigle en a pour moi... Voyez, il tend son cou...
Bel aigle, emporte-moi, que j'échappe au hibou...
VÉNUS.
Que faire ? Dieu du ciel, contre l'enfant volage ?..
L'AMOUR, riant.
Eh mais... me souhaiter, je crois, un bon voyage...
Immortels, adieu !
(Il disparaît par la droite.)
LES DIEUX, tristement.
Hélas ! adieu...
Adieu, adieu, adieu.
Adieu, beau Dieu.

CHOEUR.

Plus de chants, plus de jeux,
Plus de propos joyeux !..
Dans l'empire céleste,
C'est l'Hymen qui nous reste !
Sans Amour en ces lieux,
A quoi sert d'être Dieux !

(Pendant le chœur, l'Amour paraît sur l'aigle qui l'emporte. Minerve se trouve mal et est soutenue par l'Hymen, qui souffle piteusement son flambeau. Vénus fait signe à Capricorne de suivre l'Amour. Jupiter se frotte les mains et rit à part du désappointement général. — La toile baisse.)

FIN DU PROLOGUE.

ACTE I.

DEUXIÈME TABLEAU. — La chambre de Psyché. Décoration d'un rustique gracieux, occupant trois plans. A gauche, un lit placé entre le manteau d'Arlequin et le deuxième plan ; filets, ustensiles de pêche. A droite, au deuxième plan, table de toilette sur laquelle est une petite glace : chaises et meubles divers. Au premier plan, la porte d'entrée. Fenêtre au fond.

SCENE I.

PSYCHÉ, SERPOLET, en dehors pendant toute la scène.

(Quand le rideau se lève, il fait nuit. Psyché, en déshabillé du soir, est debout et prête l'oreille. On frappe à la porte.)

PSYCHÉ.
Qui va là ?

SERPOLET.
Ne craignez rien, mademoiselle Psyché ; c'est moi, Serpolet.

PSYCHÉ.
Vous, par exemple ! Qu'est-ce qui vous prend donc de venir ainsi troubler mon sommeil à pareille heure de nuit ?

SERPOLET.
Dame ! je ne fais que revenir de la pêche... Ouvrez-moi... Je viens vous rapporter vot' jarretière, que vous avez perdue en courant après les papillons.

PSYCHÉ, à part.
En voilà une idée ! (Haut.) C'est bon, vous me la rendrez plus tard... Allez vous coucher !

SERPOLET.
J'aurais pourtant ben voulu vous dire un petit bonsoir...

PSYCHÉ.
Aller vous coucher !

SERPOLET.
Vous parler de mon amour...

PSYCHÉ.
Allez vous coucher !

SERPOLET.
Alors, j'y vas, puisque ça vous fait tant de plaisir ; mais c'est pas pour dormir, c'est seulement pour rêver de vous... Bonsoir, mademoiselle Psyché.

PSYCHÉ.
Bonne nuit !

SERPOLET.
A demain matin, de bonne heure !

SCÈNE II.

PSYCHÉ, seule.

Enfin, le voilà parti.... C'est pourtant vrai... j'ai promis de me prononcer demain... Ils veulent tous que je me marie... que j'épouse Serpolet... Mais je ne l'aime pas, moi... pas plus lui que les autres garçons de la contrée... Je vous demande un peu pourquoi il ne s'adresse pas plutôt à ma sœur Nicolette ? En voilà une qui n'a pas d'aversion pour le mariage !.. (Regardant le pilier du fond.) Ah ! mon Dieu ! mon joli papillon qui s'est envolé !.. Quel dommage ! Ses ailes étaient si bien nuancées !.. (Allant vers son lit.) Mais, que vois-je ! le voici sur mon oreiller... (Le prenant.) Dites donc, dites donc, Monsieur, est-ce que c'est là votre place ? (Le piquant sur le pilier du fond.) La voilà, votre place... A cette heure, recouchons-nous bien vite... et dépêchons-nous de dormir.

(Elle se place sur son lit.)

Air : D'où vient cette chaleur ?

Allons, jusqu'au réveil...
Bonsoir, Psyché... ma chère...
Que le dieu du sommeil
Protège ta chaumière !..

(Elle s'endort. Le papillon qu'elle a piqué au fond disparaît, le pilier s'ouvre et l'Amour s'élance dans la chambre.)

SCENE III.

PSYCHÉ, endormie, L'AMOUR. (Il s'avance sur la pointe du pied près de Psyché.)

L'AMOUR.
Enfin, je suis près d'elle... Elle dort... On voit bien que l'Amour n'exerce encore sur la belle aucun pouvoir... Mais, patience !.. Approchons-nous, et, pour ne pas l'effrayer, prenons notre petite voix câline. (Appelant.) Psyché ! Psyché ! réveillez-vous, belle endormie.

(La fenêtre du fond se développe et forme un arceau de nuages duquel sort Vénus.)

VÉNUS.
Halte-là, mauvais sujet !

SCÈNE IV.

VÉNUS, L'AMOUR.

Ciel ! ma mère !

VÉNUS.
Vous ne m'attendiez pas, libertin !

L'AMOUR.
Je vois ce que c'est, vous m'avez suivi... C'est affreux !

VÉNUS.
Non, mais je vous ai fait suivre par Capricorne.
L'AMOUR.
Ah! le vieux mouchard! Il me le paiera.
VÉNUS, descendant dans la chambre.
Ainsi, mon fils, vous demeurez sourd à ma prière? vous voulez vous faire aimer d'une simple mortelle?..
L'AMOUR.
Que voulez-vous, maman, ce n'est pas ma faute : cette petite m'a tourné la tête...
VÉNUS.
Et vous osez l'avouer?
L'AMOUR.
Aimez-vous mieux que je vous fasse un mensonge?
VÉNUS.
Ah! quelle indignité! lorsque tant d'illustres déesses vous appellent et vous réclament...
L'AMOUR.
Je me moque pas mal des Déesses!
VÉNUS.
Impertinent!
L'AMOUR.
Je ne dis pas cela pour vous, petite maman... Votre fils vous révère... Mais, en conscience, qu'a donc de si piquant le beau sexe de l'Olympe?.. Une Cybèle vieille comme le monde... une Junon d'une humeur maussade... Qui? encore, Minerve, cette femme toujours cuirassée... Flore, qui est parfumée à vous donner la migraine...
VÉNUS.
Mais Pomone? mais l'Aurore?
L'AMOUR.
Pomone? A force de présider aux champs, elle a les mains d'une rudesse!.. L'Aurore ne paraît-elle pas trop matin pour que je puisse jamais la rencontrer, moi qui, par état, me lève toujours le plus tard possible.
VÉNUS.
Nous avons encore les Muses... les Heures...
L'AMOUR.
Les Muses?.. elles sont si bégueules! Les Heures?.. elles passent si vite!
VÉNUS.
Cependant...
L'AMOUR.
Vous ne me persuaderez pas... A toutes ces beautés régulières, à toutes ces lignes antiques et célestement ennuyeuses, je préfère Psyché et son petit minois chiffonné.
VÉNUS.
Mais, malheureux enfant! tu veux donc me forcer à devenir belle-mère... grand'mère, peut-être?

Air de Masini.

Enfant volage,
Deviens plus sage,
Écoute-moi,
Laisse en repos la jouvencelle!
Ah! sous ta loi,
Mon fils, pourquoi
Ne pas soumettre une autre belle
Plus digne d'un dieu comme toi?
Grace pour moi!

L'AMOUR.
Dans les hameaux ou les palais,
La première loi... c'est de plaire;
Et si la reine a moins d'attraits,
Moi, je préfère la bergère.
VÉNUS.
Pense à ta mère.
Grace pour moi!

REPRISE.
Enfant volage,
Deviens plus sage, etc.

(Vénus essuie quelques larmes.)
L'AMOUR.
Quoi! ma mère, vous pleurez... Ah! ma foi, je n'ai plus le courage de vous résister, petite maman... Votre colère m'eût trouvé peut-être inflexible... vos larmes vous assurent ma soumission.
VÉNUS.
Es-tu sincère, au moins, cette fois?
L'AMOUR.
Vous en jugerez bientôt... Au fait, c'était indigne à moi de m'attacher ainsi aux pas d'une dédaigneuse villageoise... Tenez, vrai, je suis furieux contre moi-même... contre cette Psyché.
VÉNUS.
A la bonne heure!
L'AMOUR.
Voulez-vous que je lui perce le cœur de la plus cruelle de mes flèches? Ça vous fera-t-il plaisir?
VÉNUS.
Dame! une bonne méchanceté, ça ne fait jamais de peine.
L'AMOUR.
Laissez-moi faire!
VÉNUS.
Désormais, mon enfant, mon cher enfant, je te permets, à ton premier caprice, de reprendre tes ailes...
L'AMOUR.
Que vous êtes bonne!
VÉNUS.
Il faut bien que tu reviennes parmi nous. Comme je vais être fière de te présenter à nos Déesses... Ah! je suis bien heureuse... j'ai retrouvé mon fils!

(Elle lui serre tendrement la main.)
L'AMOUR, jetant un cri de douleur.
Aïe!
VÉNUS.
Qu'as-tu donc?
L'AMOUR.
Vous venez de presser ma blessure, de ranimer une douleur que je ne sentais presque plus.
VÉNUS.
Ce ne sera rien, va!.. Mais l'heure s'avance; il faut que je retourne auprès de mon époux... Tu connais la jalousie de Vulcain... Adieu donc, mon enfant, je compte sur ta promesse.
L'AMOUR.
Fiez-vous à moi... le mal ou le bien, ça me regarde. L'Amour, c'est comme un joli petit chat!.. quand ça ne fait pas patte de velours, ça griffe!.. Et je grifferai!

ENSEMBLE.

Air de Philomèle.

VÉNUS.
La colère
De ta mère
Sur toi doit rejaillir...
Sans tristesse,
Sans faiblesse,
Sache, enfin, obéir !
Va, l'offense
Est immense,
Et m'atteignait aux cieux.
La vengeance,
Qui commence,
Est un plaisir des Dieux !

L'AMOUR.
La prière
De ma mère
Me devait attendrir :
Sans tristesse,
Sans faiblesse,
Sachons donc obéir !
Oui, l'offense
Est immense
Et l'atteignait aux cieux.
Sa vengeance,
Qui commence,
Est un plaisir des Dieux !

(Vénus embrasse son fils et sort par la fenêtre, qui reprend ensuite sa première forme.)

SCÈNE V.

PSYCHÉ, endormie; L'AMOUR.

L'AMOUR.

Le sort en est jeté... pas de pitié ! (Il tire une flèche de son carquois et prend son arc.) Mais, que signifie... Une puissance invincible retient mon bras, et dans mon cœur le plus tendre sentiment enchaîne ma volonté... Psyché ! grace... grace, pardonne-moi... Je t'aime... je t'adore, je suis ton esclave... (Il tombe à genoux.) Chère Psyché, ouvre les yeux, regarde-moi. (Se relevant.) Mais, que dis-je ? N'est-il pas écrit dans le livre des Dieux que l'Amour est condamné à s'environner de mystère... n'est-il pas écrit que s'il a l'imprudence de se montrer sans illusion... à l'instant... à l'instant même il perd et son prestige et sa puissance... Eh bien ! puisque le Destin cruel m'empêche de m'offrir à ses yeux, qu'un songe d'amour lui révèle et ma présence et le doux empire qu'elle exerce sur moi. (Il étend son arc. Musique douce.) Venez, douces Chimères, filles capricieuses du Sommeil et de la Nuit, venez à mon secours... renoncez, pour cette fois, à tromper par vos mensonges, et soyez les fidèles interprètes de mes vœux et de mon cœur.

(Un nuage monte du dessous, couvre le fond du théâtre, puis s'enlève et laisse voir, au travers d'une gaze, un palais aérien orné de cassolettes et de fleurs. Des nymphes et des petits amours, chargés de guirlandes et de corbeilles, forment de gracieux tableaux pendant le couplet que chante l'Amour.)

Air de Masini.

Jeune fille des champs,
Blanche fée aux doux charmes,
Tu fais tomber mes armes,
Par tes attraits touchans...
D'invincibles penchans
M'ont entraîné moi-même...
Oh ! je t'aime, je t'aime...
Jeune fille des champs.

Le prestige agit sur elle... (L'Amour s'approche de Psyché, et met sur son cœur une main que celle-ci, dans l'illusion de son rêve, presse tendrement.) Son cœur est agité... sa main presse la mienne... J'ai réussi !.. Mais, avant que l'illusion se dissipe, qu'un tendre baiser grave ce songe dans sa mémoire... (Il l'embrasse au front. Le songe disparaît.) Psyché, tu es à présent la fiancée de l'Amour... Mais, voici le jour... De la prudence !... (Il se cache derrière le lit.)

SCÈNE VI.

L'AMOUR, PSYCHÉ.

PSYCHÉ, encore sous l'empire de son rêve.
Laissez-moi, Monsieur... laissez-moi... (S'éveillant en sursaut.) Ah !.. ah ! mon Dieu !.. c'était un rêve ! Quel dommage ! (Elle saute à bas du lit.) Il était gentil, au moins, ce petit jeune homme !..

L'AMOUR, se tenant sur le dernier plan, et à part.
Mon souvenir est dans son cœur.... Devenons invisible, pour rester auprès d'elle.

PSYCHÉ.
Bah ! ne pensons plus au songe... Les fileuses du pays disent qu'on ne doit pas y croire... Les fileuses ont raison... Il fait grand jour... C'est honteux de m'être levée si tard... (Elle se regarde dans le petit miroir à droite et s'habille tout en parlant.) Depuis long-temps je devrais être sur pied... Fi ! que c'est laid de dormir comme ça un jour de fête !

Air de Grisar.

Pour la fête,
Qui s'apprête,
Habillons-nous sans retard.
Paresseuse,
Et dormeuse,
Ah ! je me lève bien tard...
Belle, vous dormez bien tard.
Allons vite,
Ma petite,
Revêts tes plus beaux atours...
Qu'on dessine
Taille fine,
Sous le corset de velours !
Ce n'est pas fête tous les jours !

(D'un ton rêveur.)

Mais ce songe,
Ce mensonge
De la nuit et du hasard,
Moi, j'y songe...
Il se prolonge...
Ah ! c'est bien mal de ma part.

L'AMOUR, caché et finissant l'air.
Belle, vous dormez trop tard !
PSYCHÉ, surprise.
Tiens ! qui est-ce donc qui chante là, sous ma fenêtre ?.. Ah ! sans doute ce nigaud de Serpolet... C'est aujourd'hui que je dois lui dire si je consens à l'épouser, oui ou non... Et il vient, dès le point du jour, pour connaître son sort. (A la cantonnade.) Attendez, Serpolet, je n'ai plus qu'une ou deux épingles à attacher. (Achevant de se parer et se regardant dans le miroir.) Épouser un simple pêcheur !
L'AMOUR.
Tu aurais tort.
PSYCHÉ.
Tiens ! on a parlé... C'est la voix de mon rêve !
L'AMOUR.
Psyché !
PSYCHÉ.
Il sait mon nom.
L'AMOUR.
Je t'aime !
PSYCHÉ.
Eh bien ! il me tutoie ! Il est sans gêne, par exemple !
L'AMOUR.
C'est mon habitude.
PSYCHÉ.
Mais, Monsieur, montrez-vous donc, du moins.
L'AMOUR.
Me montrer ! Je ne peux pas... J'ai des raisons pour ça... des raisons de famille.
PSYCHÉ.
Alors... c'est que vous n'êtes pas beau.
L'AMOUR.
J'espère bien te prouver le contraire.
PSYCHÉ.
Et comment ça ?
L'AMOUR.
En me faisant aimer.
PSYCHÉ.
Ce sera difficile, si je ne vous vois pas.
L'AMOUR.
Je sais que tu ne peux pas souffrir ton benêt de futur.
PSYCHÉ, à part.
C'est un sorcier.
L'AMOUR.
Eh bien ! je t'en supplie, ne l'épouse pas... et je suis à toi pour la vie.
PSYCHÉ.
Dame ! monsieur le fantôme, monsieur l'ombre, certainement, vous avez la voix bien douce... mais... je ne vous ai jamais vu...
L'AMOUR.
Tu m'as vu... tu m'as vu en rêve.
PSYCHÉ.
Alors, montrez-vous, pour que je m'assure si vous êtes bien le même.

Air nouveau de M. Adolphe.

Quand un amant prétend qu'on le préfère,
C'est bien le moins qu'il paraisse à nos yeux...

L'AMOUR.
Moi, plaire aux yeux... Du tout, c'est trop vul-
(gaire.
Je veux charmer par le cœur... C'est bien mieux.

(On entend frapper à la porte.)
PSYCHÉ.
On frappe... C'est mon futur, c'est toute ma famille... Hâtons-nous de leur ouvrir et d'échapper à ce dangereux prestige. (Achevant l'air.)
Joli lutin, votre espérance est vaine.
L'AMOUR.
Belle Psyché, ta défaite est certaine,
Car ce lutin, c'est l'Amour, c'est l'Amour,
Oui, ce lutin, c'est l'Amour !

(Il disparaît par le pilier, qui s'ouvre pour le laisser passer. Psyché ouvre aux personnages de la scène suivante.)

SCÈNE VII.

PSYCHÉ, NICOLETTE, SERPOLET, L'AMOUR, caché, LA FAMILLE DE PSYCHÉ.

PSYCHÉ.
Bonjour, mes amis, mes chers parens... Bonjour, Serpolet.
SERPOLET.
Bonjour, bonjour, bonjour, mamzelle Psyché...*
NICOLETTE, pleurant.
Bon... onjour, ma... a sœur...
PSYCHÉ.
Qu'as-tu donc, Nicolette, tu pleures ?
SERPOLET.
Elle sanglotte comme ça depuis à ce matin...
NICOLETTE.
C'est pas ma faute... Quand je suis d'une noce, ça me gonfle l'estomac... C'est bien fait pour ça : toutes les jeunesses du pays trouvent des épouseux, et, moi, je succombe sous le poids de mes dix-huit ans... je reste avec mon cœur sensible sur les bras...
PSYCHÉ.
Console-toi, sœur, ça viendra...
NICOLETTE.
Ça viendra... V'là c' qu'on m' dit toujours, et ça ne vient pas... D'abord, faut qu'on s' dépêche, car je n' peux pas attendre plus longtemps.
PSYCHÉ, observant Serpolet, qui cherche de côté et d'autre.
Ah ça ! Serpolet, qu'est-ce que c'est donc que ces airs de fureter partout ?
SERPOLET.
Oh ! rien... Mais, sans vous offenser, mamzelle Psyché, êtes-vous bien sûre que vous étiez seule ici ?
PSYCHÉ, un peu troublée.
Mais... certainement...
SERPOLET.
C'est qu'il m'avait semblé, d'en bas, que vous jacassiez avec un être d'un sexe quelconque. N'est-ce pas, Dondon ?

* Toutes les fois que Serpolet et Nicolette disent le nom de Psyché, ils prononcent Pesyché.

NICOLETTE.
Dame! moi, j' sais pas... J'étais en train de gémir... je m'étourdissais moi-même...

SERPOLET.
Elle caponne, elle caponne, la grosse mafflée!.. Oh! les femmes, sexe tartufe... ça se soutient toujours entre z-elles.

NICOLETTE.
Monsieur Serpolet, je vous prie de ne pas m'appeler grosse mafflée... Ça peut me faire du tort auprès des garçons du pays... On vous en donnera des mafflées comme moi!

PSYCHÉ, à part, pendant que Serpolet essuie tout bas les reproches de Nicolette.
Il me semble encore plus laid qu'à l'ordinaire.

SERPOLET, se tournant tout-à-coup vers Psyché.
Hein? quoi?

PSYCHÉ.
Je dis que vous êtes bien gentil... Seriez-vous déjà jaloux, par exemple?

SERPOLET.
Moi? Oh! Dieu de Dieu! peut-on dire...

PSYCHÉ.
Je vous jure que je n'ai vu personne ici... (A part.) Je ne mens pas... (Haut.) D'ailleurs, cherchez.

SERPOLET, après avoir cherché dans tous les coins.
Du tout, du tout; je m'en rapporte parfaitement...

NICOLETTE.
Oui, mais ça ne l'empêche pas de fureter partout... (Comme si elle parlait à un chien.) Cherche! Serpolet, cherche!

PSYCHÉ, à part.
Quelle différence avec l'autre!

SERPOLET.
A l'avenir, Psyché, je vous promets de fermer les yeux... pour afin de ne rien entendre.

PSYCHÉ.
Et vous ferez bien; car, enfin, je n'ai pas encore dit si je voulais de vous pour mon...

NICOLETTE.
Ah! non...

SERPOLET.
Ah! non, c'est possible; mais vous devez le dire aujourd'hui même... Vous l'avez juré sur les cendres de votre sœur, ici présente... Pas vrai, Dondon?

NICOLETTE.
Moi, ça n' me regarde pas.

PSYCHÉ.
J'ai juré?.. j'ai juré de dire oui ou non... et vous mériteriez bien...

L'AMOUR, caché.
Ah! oui.

PSYCHÉ, à part.
Il est encore là!

SERPOLET.
Qu'est-ce qu'a dit: Ah! oui!.. Décidément, c'est toi, Dondon?

NICOLETTE.
Moi? J'ai pas tant seulement ouvert la bouche.

SERPOLET.
Ah! je devine: c'est l'Écho... c'est c'te nymphe *plaintife*.

PSYCHÉ.
Oui, oui, c'est cela...

SERPOLET.
Mais passons à d'autres exercices... (Se posant d'un air comique.) Mamzelle Psyché, devant nos parents et amis, êtes-vous consentante à me prendre pour votre époux, pour votre époux chéri?

PSYCHÉ, à part.
Être la femme d'un pêcheur... d'un grossier paysan... O mon beau rêve!

TOUS.
Répondez, répondez...

SERPOLET.
Et répondez *catogoriquement*... Il ne s'agit pas de dire : C'est ceci, c'est cela... Il faut dire : C'est ça, ou, ce n'est pas ça!

NICOLLETTE, à part.
Dieu! si j'étais à sa place, comme je dirais ben vite : C'est ça.

PSYCHÉ, à part, prêtant l'oreille du côté de l'armoire.
Je n'entends plus rien... Mais, lui, il nous entend... Oh! je vais bien voir si réellement il m'aime.

SERPOLET, avec impatience.
Eh bien! eh bien! mamzelle Psyché?

PSYCHÉ.
Mais, laissez-moi donc réfléchir un peu. (Serpolet se recule au fond avec les autres. Psyché s'approche de l'armoire, où elle suppose l'Amour caché, et elle dit à mi-voix :) Montrez-vous, et je dis : Non... (Prêtant l'oreille.) Pas un mot... pas le plus petit bruit...Oh! c'était un trompeur! ou bien un vieux, peut-être!.. (Avec dépit.) S'il croit que je le regrette, par exemple!.. (Haut et très vivement.) Mon petit Serpolet... je t'aime, je t'adore et je t'épouse.

SERPOLET, avec expansion.
Elle m'aime! elle m'épouse!.. Oh! je suis ébloui, étourdi, les jarrets me défaillent... Quatre z'hommes de bonne volonté pour me soutenir... Mais non, non... Je suis plein de force, de vigueur... je suis tout braise, tout nerf... Je bondis... je caracole... j'ai de la *vive argent* dans le *tendron* d'Achille!

PSYCHÉ, à part.
Au fait, j'étais folle... Je serai très heureuse avec ce garçon-là.

SERPOLET, au comble de la joie.
O destin! je brave tes coups!

L'AMOUR, en dehors.
Coucou...

SERPOLET.
Comment? coucou... Ah! c'est encore c'te pas grand'chose d'Echo... A la noce!

TOUS.
A la noce!..

ENSEMBLE.

<small>Air du final du deuxième acte de la Camargo.</small>

Bonheur extrême!
Celle qu'il aime,
Aujourd'hui
Même,
Doit être à lui!

SERPOLET.
Bonheur extrême!
Celle que j'aime,
Aujourd'hui
Même,
A donc dit : Oui.

ACTE I, SCÈNE IX.

PSYCHÉ.
Malgré moi-même,
Quel trouble extrême !
Celui que j'aime...
Est-ce bien lui ?
SERPOLET, donnant une bague à Psyché.
Objet si beau !
Que cet anneau
A vous m'engage !
(Psyché le met à son doigt. Serpolet dit, à part.)
Il est passé...
PSYCHÉ, lui donnant son anneau.
Mon fiancé,
Voici mon gage...

REPRISE DE L'ENSEMBLE.

TOUS.
Bonheur extrême, etc., etc.
SERPOLET.
Bonheur extrême, etc., etc.
PSYCHÉ, à part.
Malgré moi-même,
O trouble extrême ! etc., etc.

(Tout le monde sort. — Le théâtre change.)

FIN DU DEUXIÈME TABLEAU.

TROISIÈME TABLEAU. — Un petit hameau au pied du mont Etna, dont la chute finit en mourant sur le théâtre, et dont la cime est censée se trouver dans la coulisse à gauche. A droite, au troisième plan, l'entrée d'une hôtellerie. Au fond, une table immense disposée pour tous les conviés à la noce.

SCÈNE VIII.

CAPRICORNE, seul.

Me voici sur terre, dans l'exercice de mes fonctions... Je suis chargé d'espionner... de dénoncer toutes les démarches de notre jeune Cupidon... En un mot, je deviens son ami intime... Il a bien juré à sa petite maman de renoncer à Psyché pour toujours ; mais dame Vénus n'a pas confiance, et elle m'a recommandé d'ouvrir pl..s que jamais les yeux et les oreilles... Je les ouvrirai, reine de Cythère ; je suis trop honnête quart de dieu pour trahir votre confiance, d'autant plus que c'est mon intérêt... Maintenant, je vais continuer mon rôle d'observateur, et conquérir mon grade de demi-dieu à la pointe... de mon œil... On a bien raison de le dire : En rampant, on est toujours sûr d'arriver.

Air : Tourne, tourne.

PREMIER COUPLET.

Je sais bien qu'on jette la pierre
A mes pareils ; oui, mais, partout,
Dans notre ciel, comme sur terre,
Un titre console de tout.
Moi, je suis de votre famille,
Hommes de bien de nos jours,
Vous tous dont l'espèce fourmille
Auprès des grands et dans les cours...
Limaçons dorés sans coquille,
Vous qui rampez, rampez toujours !
Oui, je suis de votre famille,
Vous qui rampez, rampez toujours !

DEUXIÈME COUPLET.

Sur l'honneur, de rien je n'ai honte,
De tous je brigue l'amitié ;
Qu'importe ? pourvu que je monte,
Poussez-moi... même avec le pied !..
Car je suis de votre famille, etc.

(On entend la ritournelle du chœur qui va suivre.)

Mais, voici la noce... Allons faire mon rapport.

(Il sort par la droite, deuxième plan.)

SCÈNE IX.

PSYCHÉ, SERPOLET, NICOLETTE, INVITÉS.

(Ils arrivent par la gauche, deuxième plan.)

TOUS, excepté Psyché qui reste pensive.

Air du Clapisson.

La musette,
Interprète
L'hymen et l'amour.
Jeune fille
Gentille,
A toujours son tour.

SERPOLET.
Enfin, c'est donc aujourd'hui !.. Il n'y a plus à dire : Mon bel ami... Après le festin, l'hymen, le doux hymen... Dieu ! ce mot-là me répond jusque dans la plante des cheveux.

NICOLETTE, pleurant.
Hi ! hi ! hi ! que j' suis malheureuse... Moi aussi, j' veux me marier !

SERPOLET.
Ah ! ça, Dondon, est-ce que t'auras pas bentôt fermé la bouche à tes sanglots ?

NICOLETTE.
Puisque c'est plus fort que moi !

SERPOLET.
Allons, les amis, à table !

TOUS.
A table ! à table !

(On se range de chaque côté de la table au fond dans cet ordre, à partir de la droite : Psyché, Serpolet, Nicolette, etc. Mais on ne prend place qu'après la scène des petits amours.

SERPOLET, regardant la table.
Comment, il n'y a rien dessus ! pas le moindre pain de quatre livres à se mettre sous la dent... Le traiteur de la ville m'a donc oublié !.. Maudit gargotier !

L'AMOUR, en dehors.
Voilà ! voilà !..

SERPOLET.
Enfin, c'est pas malheureux !

SCÈNE X.

Les Mêmes, L'AMOUR, en marmiton, suivi d'une foule de petits amours également en marmitons et portant différens mets. Ils entrent par la gauche. — Marche à l'orchestre.

L'AMOUR, à Serpolet.

A vos ordres, maître!.. (Au plus petit des amours.) Chef, servez!

LE PETIT AMOUR, s'avançant.

Voilà! voilà!

SERPOLET.

Comment! c'est là vot' chef de cuisine... Ah! ben, faut qu'il soit entré bien jeune dans les *casterolles*.

L'AMOUR.

Il a fait des progrès très rapides. (Le petit amour mange un gâteau.) Il avait un goût si prononcé pour la pâtisserie... En voici la preuve.

SERPOLET.

Je m'en aperçois... (Aux invités.) C'te fois-ci, à table! et pour tout de bon!

REPRISE DU CHOEUR.

La musette
Interprète
L'hymen et l'amour.
Jeune fille
Gentille,
A toujours son tour.

(On s'assied à la table. L'Amour et les petits amours disparaissent par la droite.)

SERPOLET, servant.

Voyons, Dondon, mange du pâté, ça séchera tes larmes.

NICOLETTE.

Donne-moi z'en beaucoup, j'ai tant de chagrin!

SERPOLET.

Tiens! v'là de la croûte!.. (Après avoir servi Nicolette.) Belle Psyché... pour vous donner une idée de mon esprit ingénieux, je vous ai ménagé une surprise.

PSYCHÉ.

Qu'est-ce donc?

SERPOLET.

Une foule de marchands... de danseurs, de saltimbanques, pour égayer le gala... Vous allez voir... Entrez, le corps de ballet.

(Une troupe de bohémiens et de bohémiennes entre et exécute des pas gracieux et bouffons. A la fin de la danse, on entend crier dans la coulisse :) Voilà l' plaisir, Mesdames, voilà l' plaisir.

(Serpolet se lève un instant comme alléché par ce cri. — Les danseurs sortent.)

SCÈNE XI.

PSYCHÉ, SERPOLET, NICOLETTE, Invités, tous à table; VÉNUS, en marchande de plaisirs; L'AMOUR, en marmiton.

VÉNUS, arrivant par le premier plan à droite, et sur l'air connu.

Régalez-vous, Mesdames, voilà l' plaisir!

SERPOLET.

Tiens! la marchande de plaisirs; c'est de circonstance, par exemple!

VÉNUS, à part.

D'après ce que m'a dit Capricorne, Psyché n'aime pas son futur... Mais il y a là-dedans un philtre irrésistible.

L'AMOUR, paraissant au premier plan à gauche, à part.

Ma mère!. Observons-là.

SERPOLET.

Ici, ici, la marchande!.. C'est moi qui régale.

VÉNUS.

A la fiancée, d'abord!

L'AMOUR, à part.

Bien, bien, je te devine.

SERPOLET.

A tout seigneur, tout honneur... Servez Psyché, servez ma Psyché.

VÉNUS, lui donnant quelques plaisirs.

Voilà, ma belle enfant...

SERPOLET, lui offrant de l'argent.

Tenez, la jolie marchande, voici un as et dix sesterces.

VÉNUS.

Merci, merci, mon bon Monsieur... (A part.) Maintenant, je suis sûre qu'elle l'aimera.

(Haut en sortant.)

Régalez-vous, Mesdames, voilà le plaisir.

(Elle disparaît par le premier plan à droite.)

SCÈNE XII.

Les Mêmes, excepté VÉNUS.

L'AMOUR, reparaissant derrière tout le monde.

Elle est partie!

SERPOLET.

Dieu de Dieu! que ça a donc bonne mine, ces petits cornets-là.

L'AMOUR, se glissant derrière Psyché, bas.

N'en mangez pas... L'écho vous en supplie.

(Il disparaît.)

PSYCHÉ, jetant un cri.

Ah!

SERPOLET.

Eh ben! qu'est-ce qui vous prend donc?

PSYCHÉ, se levant. Tout le monde l'imite.

Rien... rien... Je me suis mordu la langue... (A part.) Ah! c'est bien sa voix... Mais il est toujours invisible!

NICOLETTE, lui présentant les plaisirs.

Mange donc!

SERPOLET.

Elle ne peut pas, puisqu'elle s'a mordu la langue!

NICOLETTE.

Elle n'en veut pas?.. eh ben! tant mieux... j' vas les croquer, moi.

SERPOLET.

Est-elle gourmande! est-elle sur sa bouche!

NICOLETTE, mangeant les plaisirs.

C'est-il sucré! c'est-il sucré!.. (Changeant de ton.) Ah! la la, bon Dieu! qu'est-ce que je sens là? qu'est-ce que j'éprouve?

(Elle met la main sur son cœur.)

SERPOLET, allant à elle.
Bon, à l'autre, à présent !
NICOLETTE.
Oh ! que c'est drôle !.. l'effet que ça me fait !..
(Avec une vivacité comique.) Serpolet, mon petit
Serpolet, que t'es gentil, que je te trouve donc
gentil !..
SERPOLET.
Hein ? de quoi ?..
NICOLETTE.
Je t'aime, je t'adore, je t'idolâtre... et je veux
que tu m'épouses... que tu m'épouses tout d'
suite... tout d' suite... (Elle rit niaisement.)
SERPOLET.
C'est y girouette les femmes !.. Tout à l'heure
elle pleurait à chaudes larmes ; à présent, v'là
qu'elle rit à s'en tenir les côtes !.. Ou plutôt c'est
cette maudite marchande de plaisirs qui lui a
jeté un sort.
(L'Amour touche légèrement l'épaule de Nicolette
sans être aperçu des autres.)
NICOLETTE.
Tiens ! v'là que ça se passe, v'là que ça se passe..
Oui, c'est passé. (Riant.) J'étais t'y bête donc de
le trouver joli garçon !
(Elle donne une bourrade à Serpolet.)
SERPOLET.
Ah ça ! est-ce que t'auras pas bientôt fini, toi...
la grosse !
PSYCHÉ, à part.
Qui donc s'attache ainsi à moi... Est-ce un
bon ou un mauvais génie ?..
SERPOLET.
Allons, allons, plus de tristesse, plus de mé-
lancolie... Mais avant d'aller au temple de l'hy-
men pour nous enchaîner... comme il nous reste
un bon quart d'heure... belle fiancée, la petite
chansonnette d'usage.
PSYCHÉ.
Mais, mon ami, je ne sais rien, moi.
L'AMOUR, revenu parmi les gens de la noce, bas
à Serpolet.
Demande-lui *le Serment de la Fiancée*.
SERPOLET, bas.
Merci, marmiton. (Haut.) Psyché, Psyché,
vous vous faites prier, ça n'est pas gentil... Il y
en a qui disent que vous possédez à fond une jo-
lie ballade intitulée : *Le Serment de la Fiancée*.
PSYCHÉ.
Quoi ! vous voulez ?
NICOLETTE.
Le serment de la fiancée.. je sens que je vais
repleurer !
SERPOLET.
C'est un vrai saule pleureur que c'te Dondon ?
TOUS.
La ballade ! la ballade !
L'AMOUR, à part.
Attention !
PSYCHÉ.
Air nouveau de M. Adolphe.

PREMIER COUPLET.

Noble seigneur de haut lignage
Fit publier, au temps jadis,
Qu'il épouserait la plus sage
Des fillettes de son pays...

Grande alors fut la concurrence,
Mais Colinette l'emporta...
Et bientôt la fleur d'innocence
A son chaste corset brilla.

CHOEUR.

Et bientôt la fleur d'innocence
A son chaste corset brilla.

DEUXIÈME COUPLET.

PSYCHÉ.

Or, il fallait donner la preuve
Que jusqu'au jour de son hymen,
En amour la belle était neuve.
Voyez quel usage malin !..
Sur sa couronne virginale,
Elle devait faire serment
Qu'elle n'avait, blanche vestale,
Jamais reçu baiser d'amant !..

CHOEUR.

Jamais ne devait la vestale
Avoir reçu baiser d'amant...

TROISIÈME COUPLET.

PSYCHÉ.

Matin et soir, la bergerette,
De sa grande vertu parlait,
Et notre jeune Colinette,
Du serment bien peu s'effrayait.
Aussi, calme et sans défiance,
La nouvelle épouse jura...
Ce que c'est pourtant que la chance !..
Hélas ! son bouquet s'envola...

CHOEUR.

Ce que c'est pourtant que la chance !..
Son fameux bouquet s'envola...

SERPOLET, à part.
Tiens, tiens, mais c'est commode, ça !
PSYCHÉ.
A quoi pensez-vous donc ?
SERPOLET.
Moi ! à rien, à rien. C'est égal, en v'là une drôle
d'histoire. Si cet ingénieux usage s'était perpétué,
il y aurait joliment des jeunesses qui auraient la
chair de poule le jour de l'hyménée.
PSYCHÉ.
Hein ?
SERPOLET.
Oh ! je ne dis pas ça pour vous, ma céleste
future... Plus souvent !
NICOLETTE.
Alors, c'est donc pour moi ?.. Je voudrais
ben voir que vous me soupçonnassiez.
SERPOLET.
Moi ! vous *soupçonnasser !* Fi l'horreur... Je
vous déclare toutes des Minerves, vous, et sur-
tout mamzelle Psyché... Auprès de son inno-
cence la blancheur de la crème n'est que de la pure
ébène... Il faudrait être joliment imbécile, par
exemple ! pour lui demander l'épreuve...
L'AMOUR, caché.
A preuve.
SERPOLET.
Comment !.. encore un écho ici !

PSYCHÉ, à part.

Toujours lui... Oh! mais, c'est égal, je vais lui prouver que je ne le crains pas... (Haut.) Serpolet, je ne veux laisser aucun doute dans votre esprit et puisqu'il faut un serment...

SERPOLET, avec une quasi-dignité.

Un serment... non, non... je ne le veux pas... (Se ravisant.) C'est-à-dire... si, je le veux bien.

PSYCHÉ.

Je jure sur mon bouquet de fiancée... (A part.) En rêve, ça ne compte pas...

SERPOLET.

Vous jurez...

PSYCHÉ.

Je jure que jamais je n'ai reçu un baiser d'amant.

SERPOLET.

Ah!

(En ce moment, l'Amour caché fait un geste : le bouquet de Psyché s'envole.)

PSYCHÉ.

Ciel!

SERPOLET, stupéfait.

Oh!

NICOLETTE.

Disparu!..

SERPOLET.

Évanoui!.. envolé!.. Je suis volé !

L'AMOUR, à part.

Voici le plat de mon métier !

TOUS, à Psyché.

Ah! c'est affreux! c'est indigne !

NICOLETTE.

Ah! ben, quand je me marierai, je ne me soumettrai pas à cette épreuve-là !

SERPOLET.

Fiez-vous donc à l'eau qui dort !.. Infâme ! coquette ! scélérate !

PSYCHÉ.

Ma sœur... mes amis... je vous jure...

SERPOLET.

Arrière... arrière... petit serpent... Voilà votre anneau... Rendez-moi le mien.

PSYCHÉ.

Vous le voulez ?.. Eh bien ! le voilà, votre anneau.

SERPOLET.

Oui, je le veux... et pour le fouler aux pieds, encore... (Il le met dans sa poche.) Plus de mariage ! qu'on ne me parle jamais de mariage !

ENSEMBLE.

Air de l'Anathème de la Juive.

SERPOLET.

Ah! pour moi, quel outrage !
Ah ! quel triste visage
J'apportais en ménage,
Sans ce serment fatal !
Le ciel me rend service,
Mais, hélas ! sa justice,
Je l' dis sans artifice,
A mon cœur fait bien mal.

PSYCHÉ.

Ah! pour moi, quel outrage !
Un jour de mariage !
Quel destin me présage
Cet oracle fatal ?
Mais un tel maléfice,
Une telle injustice,
Est-ce amour ou malice ?
Est-ce un bien, est-ce un mal ?

NICOLETTE et LES INVITÉS.

Ah ! pour elle, quel outrage !
Un jour de mariage !
Cet oracle présage
Un destin bien fatal !
Que le ciel la punisse
D'un coupable artifice !
Avoir tant de malice
Sous un air virginal !

(Tous se séparent et sortent dans la plus grande agitation.)

L'AMOUR, seul.

Bravo ! bravo ! la Discorde m'a tenu parole !.. Elle est venue à la noce... et voilà l'autel de l'Hymen renversé!.. Mais, j'y pense... s'ils allaient se réconcilier... Les hommes sont si faibles, et les femmes si capricieuses !.. Ne perdons pas un instant, courons sur les traces de Psyché, épions le moment où elle sera seule, et profitons de ma victoire.   (Il sort.)

SCÈNE XIII.

VÉNUS, CAPRICORNE.

(Ils sont entrés par la droite avant la fin du monologue de l'Amour.)

CAPRICORNE.

Vous avez entendu, dame Cypris ?

VÉNUS.

Ainsi... voilà tous mes projets renversés... Cette Psyché est encore libre !

CAPRICORNE.

Et, sans doute, en ce moment, votre mauvais sujet de fils est auprès d'elle... Il est capable, pour la séduire, de lui promettre le mariage.

VÉNUS.

Oh ! je saurai bien mettre un terme à ce scandale, et, pour cela, je veux qu'aujourd'hui même elle épouse quelqu'un de plus laid que son fiancé... de plus affreux...

CAPRICORNE.

Qui donc?

VÉNUS.

Toi !

CAPRICORNE.

Comment ! moi?

VÉNUS.

Ce sera sa punition !

CAPRICORNE.

Eh ! eh ! vous ne la punirez peut-être pas autant que vous le pensez... Un mari qui possède mes avantages... Et puis, les parens, les amis, croyez-vous qu'ils consentent...

(Le ciel s'assombrit. — Éclairs, tonnerre.)

ACTE I, SCÈNE XVI.

VÉNUS.
Écoute !

CAPRICORNE.
Qu'est-ce que cela signifie ?

VÉNUS.
Les enfers m'ont comprise... ils viennent à mon aide.
(Redoublement de tonnerre.)

CAPRICORNE.
Alors, si vous employez les moyens de douceur...

(Mugissemens souterrains; une lueur de sang inonde le théâtre.)

VÉNUS.
Tiens ! regarde... l'Etna mugit... des vagues de feu désolent la campagne... la terreur est répendue parmi les habitans de la Sicile... Tiens, vois... ils accourent ici saisis d'effroi... Éloignons-nous... je vais te donner mes ordres...

(Ils sortent, pendant que tout le monde arrive en contemplant l'Etna avec effroi.)

SCÈNE XIV.
SERPOLET, PSYCHÉ, NICOLETTE, HABITANS DES DEUX SEXES.

CHŒUR GÉNÉRAL.
Air nouveau de M. Adolphe.

Referme cet abîme...
Grand Dieu, protège-nous,
Ou nomme la victime
Qu'il faut à ton courroux.

(L'orchestre joue jusqu'à la reprise du chœur.)

SERPOLET.
Mes amis, mes bons amis, vous êtes tous perdus... et ce qu'il y a de plus affreux, c'est que je suis perdu avec vous ! Saperlotte ! la terre tremble !.. aïe ! les jambes... je plie... je me casse en deux !.. Jupin ! grand Jupin ! que faut-il faire ?

CAPRICORNE, *de la coulisse premier plan à gauche, sans être vu.*
Allez consulter la Sibylle... Elle vous dira à quel prix vous pouvez apaiser le courroux des Dieux...

REPRISE DU CHŒUR.

Referme cet abîme...
Grand Dieu, protège-nous
Ou nomme la victime
Qu'il faut à ton courroux.

(Le volcan lance des flammes. — Une nouvelle secousse de tremblement de terre se fait sentir. Une maison s'écroule avec fracas. — Tout les personnages, au comble de l'effroi, se pressent, se heurtent et sortent en désordre par la gauche. — Le théâtre change.)

FIN DU TROISIÈME TABLEAU.

QUATRIÈME TABLEAU. — Une forêt. A gauche, au deuxième plan, l'antre de la Sibylle ; grotte de rochers, ombragée d'arbres à feuillage lugubre.

SCÈNE XV.
SERPOLET, NICOLETTE, HABITANS DES DEUX SEXES.

(Le ciel est noir; de nombreux éclairs sillonnent toujours la nue.)

SERPOLET.
Par ici ! par ici ! les amis...
(Tous entrent après lui.)
C'est là que demeure la sibylle. *(Montrant l'antre.)* Je reconnais l'entrée de sa chambre à coucher.

NICOLETTE.
Elle doit y faire de bien vilains rêves !

SERPOLET.
Ohé ! vieille abomination, vieille lézardée !.. Elle ne répond pas...

NICOLETTE.
Vous êtes si poli !

SERPOLET.
Attendez que je prenne des mitaines pour lui parler. *(Appelant de nouveau.)* Holà ! eh ! vieillarde, voilà de la société... *(Prêtant l'oreille.)* Mutus... Est-ce qu'elle serait devenue sourde ?.. Elle est si décrépite... Vous ne pouvez pas vous figurer comme elle est vieille... et laide... et bancale, et bancroche, et caliborgne.

NICOLETTE.
Craignez de l'offenser, et adressons-lui plutôt nos prières.
(Tous s'inclinent.)

CHŒUR.
Air de M. Apolphe.

Au fond de ton noir asile,
O toi, qu'implorent nos vœux,
Dis-nous, savante Sibylle,
Comment apaiser les Dieux.

(Des flammes paraissent à l'entrée de la grotte.)

SERPOLET.
L'atmosphère
Sent l' roussi...
La mégère
Vient ici.

(Vénus paraît sous le costume de la Sybille, mais jeune et brillante. On s'étonne de la retrouver si jolie.)

SCÈNE XVI.
LES MÊMES, VÉNUS, en sibylle; PSYCHÉ, qui paraît pendant la reprise du chœur.

TOUS, avec surprise.
Quoi ! si jeune ! quoi ! si belle !

VÉNUS.
Qui m'appelle?
Me voici!

REPRISE DU CHŒUR.
Au fond de ton noir asile, etc.

SERPOLET.
La gaillarde s'est rajeunie... Ce que c'est que d'être sorcière! Ah! si toutes les femmes pouvaient en faire autant!

VÉNUS.
Qui vous a donné l'audace de pénétrer jusqu'à l'antre de la Sibylle et d'interrompre ses travaux diaboliques? Vils mortels, que me voulez-vous?

SERPOLET.
Je m'en vas vous dire, aimable sorcière: il se trouve que Borée, Aquilon et autres vents de leur connaissance nous causent des peines affreuses... et nous voudrions savoir ce qui nous procure tant de désagrémens avec les élémens... Voilà la chose.

VÉNUS, *faisant avec sa baguette magique des conjurations auxquelles se mêlent le tonnerre et les éclairs, et d'un ton inspiré et solennel.*
Silence!.. Le Destin m'apprend que, parmi vous, Quelqu'un a de Vénus excité le courroux...
Oui... contre la Déesse on a commis un crime,
Et Cypris, irritée, exige une victime!

SERPOLET, *à part.*
Un crime! Est-ce que ça serait moi, par hasard?.. Il me souvient d'avoir mangé une colombe à la crapaudine...

VÉNUS, *continuant ses conjurations.*
D'un oracle la voix ne peut jamais mentir.
Vils mortels: je veux bien, ici, vous avertir
Qu'en ces lieux, parmi vous, se trouve la coupable.
La voici!
(*Elle désigne Psyché avec sa baguette.*)

TOUS.
Psyché!

PSYCHÉ.
Moi! grands Dieux!

VÉNUS, *continuant.*
Des amours, la reine est implacable,
Écoutez... Le Destin, pour vous dicter ses lois,
A la voix de l'orage, ici, mêle sa voix...
Pour vous le ciel encor peut devenir propice;
Mais, pour tant de clémence, il faut un sacrifice,
Il faut qu'abandonnée à l'instant, et par tous,
Ici, Psyché reçoive un monstre pour époux!
(*Elle saisit Psyché par le bras et la fait passer à sa droite.*)

PSYCHÉ.
O ciel!

NICOLETTE.
Un monstre!.. C'est toujours un époux... pas moins!

SERPOLET.
Un monstre!.. Oh! mame la Sibylle, elle ne mérite guère ma pitié, certainement, l'infidèle... mais, enfin, un monstre... Si je pouvais faire l'affaire?..

VÉNUS.
Obéissez!

CHŒUR.
Air nouveau de M. Adolphe.

Laissons-la, mes amis,
Puisque le Destin l'ordonne;
Qu'ici chacun l'abandonne
Pour sauver tout le pays.
(*Psyché, effrayée, s'attache à Nicolette, à Serpolet; les paysans veulent les entraîner.*)

SERPOLET.
Non, j' vous dis, je resterai:
Je braverai ce monstre avide,
Et, pour punir la perfide,
Avec elle je périrai...
(*Les paysans séparent violemment de Psyché Serpolet et Nicolette, qu'ils entraînent sur la reprise du chœur.*)

TOUS, VÉNUS.
Laissons-la, mes amis, etc.
Laissez-la,

SERPOLET, NICOLETTE.
Sans secours, sans appui,
Se peut-il qu'on abandonne,
Pour un monstre en personne,
La plus belle fille du pays!

(*Vénus rentre dans la grotte un sourire de vengeance sur les lèvres.*)

SCÈNE XVII.

PSYCHÉ, seule.

Seule... abandonnée, au milieu de ce désert, et personne... personne dont je puisse implorer le secours... (*Le ciel est devenu tout-à-coup bleu et pur... L'arc-en-ciel apparaît.*) Que vois-je? L'orage a cessé... la terre ne tremble plus... Ils sont sauvés... oui, tous... Il me semble que cette idée me donne un peu de courage... Et pourtant, épouser un monstre!.. moi, qui avais rêvé un mari si gentil, si aimable!.. Cependant, avec un peu de réflexion, si ce monstre m'épouse, c'est qu'il m'aime... et, s'il m'aime, il voudra me plaire... Qui sait? l'amour le rendra peut-être moins sauvage... C'est un monstre... d'accord; mais, enfin, c'est un mari... (*Prêtant l'oreille.*) Ah! mon Dieu!.. il me semble que j'ai entendu du bruit.

(*Elle prête de nouveau l'oreille. Capricorne paraît; il sort de la grotte.*)

Air de la Peureuse.

Oui, quelqu'un s'avance...

CAPRICORNE.
Psyché, me voilà...

PSYCHÉ.
Lui! Je recommence
A trembler déjà!

CAPRICORNE.
Je suis très passable,
Pour un monstre!..

PSYCHÉ.
O Dieux!
Est-ce un faune, un diable?
Ah! fermons les yeux.
(*Elle se cache la figure avec ses mains.*)

CAPRICORNE.
Regarde!
PSYCHÉ, se cachant toujours les yeux.
...Horreur!
Je meurs... de peur!
CAPRICORNE.
Je suis très passable...
PSYCHÉ.
Ah! je meurs de peur!

CAPRICORNE, à part.
Pauvre enfant! Je suis sûr qu'elle me croit très laid. Comme elle va être surprise agréablement... (Haut et minaudant.) Voyons, minette, regarde ton petit fiancé!
PSYCHÉ.
O mon lutin invisible, Au secours! au secours!

(Pour éviter Capricorne, qui la pourchasse, elle passe rapidement près d'un petit buisson à droite.)

SCÈNE XVIII.

LES MÊMES, L'AMOUR, qui a repris ses ailes.

L'AMOUR, à Capricorne.
Retire-toi!
CAPRICORNE.
Mais, cependant...
L'AMOUR, à voix basse.
Retire-toi! te dis-je...

(Capricorne disparaît, comme entraîné par une force irrésistible.)

PSYCHÉ, sans se découvrir les yeux.
Je n'entends plus rien.
L'AMOUR.
Elle se rassure... Évitons qu'elle ne nous voie... Tout serait perdu!..
(Il étend son arc, la nuit devient très noire.)
PSYCHÉ, d'une voix tremblante, se tenant encore la main sur les yeux.
Monsieur le monstre, êtes-vous parti?
L'AMOUR.
Non... je suis toujours là...
PSYCHÉ.
Même Air.

Eh mais! ce me semble,
Sa voix s'adoucit...
Si j'osais... Je tremble!..

(Elle ôte sa main de dessus ses yeux, et s'aperçoit de l'obscurité.)

Plus rien... Il fait nuit!
L'AMOUR, s'approchant d'elle.
Psyché, plus de haine!..
Calme ta frayeur!..
PSYCHÉ.
Sa main prend la mienne;
Ah! je meurs de peur..
Je meurs.. je meurs... je meurs de peur.
(L'Amour l'embrasse.)
PSYCHÉ.
Ma perte est certaine.
Ah! je meurs de peur!

(Psyché s'évanouit; l'Amour la soutient, puis ses ailes s'agitent, il s'envole dans les airs et enlève Psyché dans ses bras.)

FIN DU QUATRIÈME TABLEAU.

FIN DU PREMIER ACTE.

ACTE II.

CINQUIÈME TABLEAU. — Les jardins de l'Amour. Décoration suave, fraîche et pittoresque, toute brodée de verdure et de fleurs. A droite, au premier plan, l'entrée du palais de l'Amour, monument d'ordre corinthien. A gauche, un trône de gazon, ombragé de myrtes et de roses. Le faîte du quatrième plan est occupé par deux grands arbres auxquels s'enlacent des chèvrefeuilles, des clochettes d'azur et autres fleurs grimpantes; sur le faîte de ces arbres est jetée une draperie rouge cramoisi, qui est destinée à préserver les baigneuses de l'ardeur des rayons du soleil. Derrière ces deux grands arbres, une nappe d'eau transparente, coupée de loin en loin par des bouquets de fleurs aquatiques. Des guirlandes de fleurs sont suspendues çà et là et forment des balançoires. En perspective, un oasis délicieux sur lequel est répandu une légère teinte vaporeuse: c'est le soleil levant, souriant à travers la rosée du matin.

SCÈNE I.

L'AMOUR, LES NYMPHES.

(L'Amour est étendu, sur le trône de gazon, au milieu d'un groupe de petits amours; les uns lui présentent des corbeilles de fruits; les autres, des couronnes de fleurs. Psyché est au bain, en vue du spectateur. Dans le fond, des nymphes se balancent sur des guirlandes de roses; d'autres se baignent et semblent craindre qu'un regard indiscret vienne interroger les ondes transparentes.)

CHŒUR DES BAIGNEUSES.
Air des Myosotis.
Balançons-nous sous ce riant ombrage,
Au doux bruit des eaux,
Au chant des oiseaux...
Balançons-nous, sœurs, un discret feuillage
Étend, sur nous, ses rameaux.

L'AMOUR.
C'est amusant, le mariage! surtout quand on est marié incognito... Psyché est là, sous mes yeux, et, moi, je suis toujours invisible pour elle... Un mari invisible... ça ne plairait pas à toutes les femmes!

REPRISE DU CHŒUR.

(Après le chœur, les nymphes et les petits amours disparaissent peu-à-peu.)

SCÈNE II.

L'AMOUR, ZAPHIRA.

ZAPHIRA, *venant du palais.*
Maître, un message du seigneur Jupiter.
L'AMOUR, *se levant.*
Que veut-il?
ZAPHIRA.
Aux termes de vos conventions, il réclame de vous aide et assistance.
L'AMOUR, *regardant sortir les nymphes.*
Fais répondre à ce bonhomme que je suis fort occupé... Qu'il attende !
ZAPHIRA.
C'est bientôt dit ; mais ne craignez-vous pas que Sa Majesté ne trouve la réponse un peu cavalière?
L'AMOUR.
Au fait, tu as raison : li ne faut pas se brouiller avec les autorités... Voyons, de quoi s'agit-il ?
ZAPHIRA.
Le seigneur Jupiter veut enlever une jeune fille nommée Léda...
L'AMOUR, *avec gaîté.*
Enlever... Quelle immoralité !
ZAPHIRA.
Enlever à la colère de dame Junon.
L'AMOUR.
A la bonne heure !
ZAPHIRA.
Et il ne sait comment s'y prendre.
L'AMOUR.
Il est si bête, ce brave Jupiter olympien ! Allons, je vois qu'il faut que je m'en mêle... Holà ! mes grooms ! (Deux petits amours paraissent.) Qu'on fasse atteler à mon char bleu-ciel six de mes plus beaux cygnes... (A part.) Je lui en prêterai un ! (Haut.) Allez ! (Les petits amours sortent.) Pendant qu'on apprête mon équipage aérien, que je voie encore ma chère petite femme !..
ZAPHIRA.
Elle vient vers nous.

SCÈNE III.

LES MÊMES, PSYCHÉ, *venant par la gauche; elle est précédée de deux nymphes qui entrent bientôt dans le palais.*

PSYCHÉ.
Ainsi, je suis la reine de ce palais!.. Les nymphes sont empressées à me servir... et je n'ai pas eu le temps de former un désir... que déjà il est accompli.
ZAPHIRA.
Nous obéissons aux ordres de votre mari.
PSYCHÉ.
Mon mari !.. Ah ! ce mot me fait soupirer... Le monstre de l'oracle, n'est-ce pas ? le monstre invisible...
ZAPHIRA.
Je dois me taire.
PSYCHÉ.
Mais, puisqu'il commande ici, puisque tout lui est soumis... qui donc peut l'empêcher de se montrer ?
L'AMOUR.
Ton bonheur et le mien...
PSYCHÉ.
C'est sa voix... (Les mains jointes.) Cher époux... ne vous cachez plus, je vous en supplie... que je vous voie à la clarté des cieux, vous qui ne m'apparaissez que dans les ombres de la nuit... Oh ! par pitié, ne me faites pas mourir d'impatience... La curiosité... ça tue les femmes.
L'AMOUR.
Raison de plus pour t'en préserver...
PSYCHÉ.
Mais, quand on ne le peut pas...
L'AMOUR.
Alors, on est puni !..
PSYCHÉ.
C'est une bien grande injustice !
L'AMOUR.
Elle ne saurait t'atteindre, si tu te rends à mes conseils... si tu te contentes d'être heureuse, sans chercher à connaître la source de ton bonheur.
PSYCHÉ.
Enfin... puisqu'il le faut...
ZAPHIRA, *bas à l'Amour.*
Seigneur, votre char vous attend.
L'AMOUR, *bas.*
C'est bien, je pars... (Haut.) Adieu, Psyché... A ce soir !..

(Il entre dans le palais.)

SCÈNE IV.

PSYCHÉ, ZAPHIRA.

PSYCHÉ.
Il est parti... Plus rien... comme hier, comme demain, sans doute... comme toujours, peut-être... Mais, qu'est-ce donc, bon Dieu ! que ce monstre que j'ai épousé ?. Avant le point du jour il disparaît de la couche nuptiale, sans que mes prières... même mes larmes puissent le retenir... Moi, toute la journée, inquiète, agitée, je parcours ces jardins, ce palais qu'il m'a donnés... à chaque instant, je crois entendre le bruit de ses pas... Je m'arrête... je cherche... je regarde... Enfin, je me fais des monstres de tout.
ZAPHIRA.
Croyez-moi, noble maîtresse ; contentez-vous d'être aimée, adorée, et méfiez-vous d'une vaine curiosité.
PSYCHÉ.
Mais, je voudrais pourtant bien savoir s'il est gentil, moi.
ZAPHIRA.
Vous pensez donc qu'il est bien affreux ?
PSYCHÉ, *en confidence.*
S'il faut te le dire... non... et malgré toutes ses précautions... je m'en fais moi-même une certaine petite idée.
ZAPHIRA.
Des conjectures.

ACTE II, SCÈNE VII.

PSYCHÉ.

Mieux que ça... (Baissant les yeux.) car, enfin... je suis sa femme...

Air de l'Ambassadrice.

PREMIER COUPLET.

Toute ronde est sa figure,
Il a fossette au menton,
Si fine est sa chevelure
Que, j'en suis sûre, il est blond !
Il est blond ! Son teint doit être
Très blanc... je sais m'y connaître...
Sa bouche rose... et, bien mieux,
S'il est blond, ses yeux sont bleus...
   Aussi, moi, sans cesse
   Je répète là :
   Mais, de quelle espèce
   Est ce monstre-là ?

DEUXIÈME COUPLET.

Sa taille est svelte et légère,
Donc il est jeune, je crois,
Et la voix d'une bergère
Est moins tendre que sa voix ;
Sa main est douce et mignonne,
Comme toute sa personne...
Enfin, sans ses airs discrets,
A mon mari je me f'rais...
   Aussi, moi, sans cesse
   Je répète là :
   Mais de quelle espèce
   Est ce monstre-là ?

ZAPHIRA.

Maîtresse, je vous en conjure, chassez toutes ces idées... Vous savez que votre époux lui-même vous l'a dit : Si tu cherches à me voir, notre bonheur est perdu pour jamais.

PSYCHÉ.

Au fait, tu as raison... Je suis heureuse... que puis-je désirer ? Aussi, je ne t'interrogerai plus... puisque tu ne veux rien me dire.

(Elle va s'asseoir sur le trône de gazon.)

ZAPHIRA.

Habitans de ce séjour, soumis à notre maîtresse invisible, venez assister à la toilette de Psyché et lui abréger les heures. (Elle sort.)

SCÈNE V.

PSYCHÉ, NYMPHES et AMOURS.

(Deux nymphes entrent d'abord ; l'une porte un riche coussin sur lequel sont les bijoux destinés à Psyché ; l'autre, un miroir à main tout d'or et de pierreries. Ensuite, entrent les nymphes et les amours, qui forment des groupes voluptueux, et cette scène se termine par un ballet d'amours.)

SCÈNE VI.

LES MÊMES, ZAPHIRA, sortant du palais.

ZAPHIRA.

Pardon, noble Psyché, si je viens interrompre vos jeux : il y a aux portes de ce palais une mortelle qui désire vous voir.

PSYCHÉ.

Une mortelle ! La connaissez-vous ?

ZAPHIRA.

Elle dit qu'elle est votre sœur...

PSYCHÉ, joyeuse.

Ma sœur !.. ma bonne Nicolette ! Que je suis donc contente !.. Mais comment a-t-elle pu traverser l'espace pour arriver jusqu'ici ?

ZAPHIRA.

Elle pleurait votre destinée sur le bord de la mer, lorsqu'elle s'est senti tout-à-coup enlevée par Zéphyre, qui l'a portée, d'un souffle, près de nos rians domaines.

PSYCHÉ.

Oh ! que Zéphyre est aimable ! que c'est gentil de sa part ! (A Zaphira.) Fais entrer. (Aux danseurs.) Mes amis, laissez-moi.

(Musique. Tout le monde sort, à l'exception de Psyché.)

SCÈNE VII.

PSYCHÉ, puis VÉNUS, avec le costume et toute l'apparence de Nicolette.

PSYCHÉ.

Nicolette ici ! Quel bonheur ! Elle verra comme je suis heureuse... comme je suis belle !.. et elle ira le redire à toutes les jeunes filles du voisinage, qui en deviendront laides de jalousie... (Retournant à la glace.) Voyons, un dernier regard à ce miroir !.. On aime à être jolie... même pour sa sœur.

VÉNUS, au fond, à part.

La voilà... Grace à ma puissance, elle ne verra en moi que sa sœur Nicolette.

PSYCHÉ, devant la glace.

Sans amour-propre, je ne suis pas trop mal... et je commence à croire que Vénus a raison de me craindre un peu.

VÉNUS, à part.

Orgueilleuse ! Oh ! si je n'étais pas sans pouvoir dans le palais de mon fils !

PSYCHÉ, se retournant et la voyant.

Nicolette !.. ma chère Nicolette !

VÉNUS, l'embrassant.

Ma bonne petite sœur !

PSYCHÉ.

Donne-moi donc des nouvelles de nos amis, de nos parens, de tout le pays.

VÉNUS, avec le ton et les manières d'une paysanne.

Merci, tout le pays se porte comme un charme... il n'y a que ce malheureux Serpolet qui rabêtit à vue d'œil... même qu'il en a la coqueluche !

PSYCHÉ.

Pauvre garçon !

VÉNUS.

Mais laisse-moi donc te regarder !.. Comme t'es brave... comme t'es-t-avenante !

Air de Mlle Loïsa Puget.

En vérité, ma petite,
Je te fais mon compliment !

Vraiment, vraiment,
Je te fais compliment!
Toi, que je croyais maudite,
Tu roul's sur l'or et l'argent...
Vraiment, vraiment,
Je te fais compliment!
En vérité, ma petite,
Je te fais mon compliment.
Ma petite, ma petite,
Je te fais mon compliment.

PSYCHÉ.
Reine et maîtresse,
A mon ivresse,
A mon bonheur, rien n'a manqué!
Vénus, qu'on prône,
Je la détrône!

VÉNUS, à part.
Je n'ai pas encore abdiqué!

PSYCHÉ.
On m'appelle
La plus belle;
Mais parlons bien bas,
Bien bas.
Pauvre Vénus! c'est pour elle
Un grand malheur, n'est-ce pas?

VÉNUS, parlant, à part.
Oh! petit serpent!

RERISE ENSEMBLE.

VÉNUS.
En vérité, ma petite,
Je te fais mon compliment, etc.

PSYCHÉ.
Oh! oui, fais-moi, ma petite,
Ton sincère compliment,
Vraiment, vraiment,
Fais-moi ton compliment!
Moi, que l'on croyait maudite,
J'ai le sort le plus brillant!
Vraiment, vraiment,
Fais-moi ton compliment!
En vérité, ma petite,
Fais-moi bien ton compliment...
Ma petite, ma petite,
Fais-moi bien ton compliment!

VÉNUS.
Dieu! toi si pimpante!.. c'est-il possible! quand chacun te croyait brûlée, incendiée, p't-êt' avalée... Toutes les filles de cheux nous vont vouloir épouser des monstres, à présent.

PSYCHÉ.
Imagine-toi que j'ai un amour de mari... un vrai amour!

VÉNUS, à part.
Elle ne croit pas si bien dire.

PSYCHÉ.
Vif, tendre, gai, complaisant, riche, toutes les qualités! J'ai les toilettes les plus brillantes, les bijoux les plus précieux, des esclaves empressés à me servir!..

VÉNUS.
Ah ben! tant mieux, tant mieux, chère petite sœur de mon cœur... Je vois ben, a'ors, que ce qu'on me disait n'a pas le sens commun.

PSYCHÉ, intriguée.
Q'est-ce donc qu'on te disait?

VÉNUS.
Oh! rien! rien... Puisque t'es-t-heureuse... tu vas me présenter à ton époux, n'est-ce pas? à ton amour de mari?

PSYCHÉ, avec embarras.
Ah! tu veux...

VÉNUS.
Certainement... Une belle-sœur comme moi, ça lui f'ra plaisir à c't homme!

PSYCHÉ.
Ah! c'est que... Je m'en vais te dire... mon mari est un prince étranger... qui passe toutes les journées à la chasse.

VÉNUS.
Eh ben! j'attendrai qu'il soit revenu... (Elle s'assied sur le banc de gazon.) J'ai le temps.

PSYCHÉ, de plus en plus interdite.
Je te remercie... pour lui et pour moi... Mais...

VÉNUS, se levant.
Mais... quoi?

PSYCHÉ.
Il a l'habitude de rentrer très tard...

VÉNUS.
Comment... après deux jours de mariage! C'est drôle... Est-ce que les cancans n'auraient pas tout-à-fait tort?

PSYCHÉ.
Que veux-tu dire?

VÉNUS.
C'est qu'aux alentours de ce biau palais... on prétend... Oh! mais, non, ça ne peut pas être vrai, puisque tu m'assures qu'il est gentil, très gentil...

PSYCHÉ, vivement.
C'est égal... Parle toujours.

VÉNUS.
Non... je te dis... à quoi que ça servirait?.. C'est des mensonges, tout ça... Ils ont beau me corner aux oreilles, je ne croirai jamais que t'as épousé un homme invisible.

PSYCHÉ, à part.
Ciel! (Haut.) Et... quand cela serait?

VÉNUS.
Comment! quand ça serait?.. Est-ce que ça serait... Parle, parle, dis-moi tout...

PSYCHÉ.
Eh bien! écoute-moi... Puisqu'il faut te l'avouer, mon mari ne s'est pas encore montré à mes yeux.

VÉNUS, se pressant contre elle et feignant la peur.
C'est ça, c'est ça.

PSYCHÉ.
Il ne paraît que la nuit.

VÉNUS.
C'est donc vrai? Bonté divine! Ah! ma pauvre chérie... comme je suis arrivée à temps pour te sauver!

PSYCHÉ.
Me sauver! Mais achève donc; tu me fais trembler.

VÉNUS.
Écoute... Le monstre que t'a envoyé cette méchante sibylle épouse régulièrement, toutes les années, une centaine de jeunesses...

PSYCHÉ.
Oh! mon Dieu!

VÉNUS.
Au toucher, sa figure semble douce et charmante, mais il paraît qu'il a un affreux visage.

PSYCHÉ, effrayée.
Un affreux visage!

VÉNUS.
Rouge et noir!..

PSYCHÉ.
Rouge et noir!..

VÉNUS.
Comme Lucifer!

PSYCHÉ.
Comme Lucifer!.. quelle horreur! c'est donc pour cela qu'il m'a tant défendu de chercher à le voir.

VÉNUS.
Les deux premières nuits... il est aimable, doucereux... il fait les plus jolis sermens à son épouse... et la troisième...

PSYCHÉ.
La troisième?

VÉNUS.
Il la croque... il la dévore!

PSYCHÉ
Oh! ça n'est pas vrai, ça ne peut pas être vrai.

VÉNUS.
C'est ce que je me suis dit : Ça n'est peut-être pas vrai... quelquefois, il y a des jaloux... et surtout des jalouses qui vous font des contes... Mais, si c'était vrai... hein?

PSYCHÉ.
Comment m'en assurer?

VÉNUS.
Rien de plus facile... pendant qu'il dort... tu prends une lanterne, un falot, n'importe quoi... tu t'approches sur la pointe du pied tu regardes et au moins tu sais à quoi t'en tenir...

PSYCHÉ.
Oui, Nicolette, oui, ma bonne sœur... tu me décides... La nuit va bientôt paraître... il faut enfin que je sache...

VÉNUS.
Certainement, et ça plus tôt que plus tard... Va faire tes préparatifs, je te rejoindrai... A deux, vois-tu? on a moins peur...

Air du final du premier acte des Farfadets.

Pour exciter ton courage,
Sur tes pas
Tu me verras.
Viens, sans tarder davantage,
Partager
Bonheur ou danger!

Silence, on vient!

SCÈNE VIII.
LES MÊMES, ZAPHIRA, NYMPHES.
(Elles entrent par la gauche.)

ZAPHIRA.
Reine, voici les Nymphes préposées à votre toilette du soir; daignez les accompagner, elles vont vous conduire dans votre appartement.

PSYCHÉ.
C'est bien. (Aux Nymphes.) Je vous suis.

REPRISE.

VÉNUS.
Pour exciter ton courage, etc.

PSYCHÉ.
Pour exciter mon courage,
Sur mes pas
Oui, tu viendras;
Il faut, c'est prudent et sage,
Partager
Bonheur ou danger!

(Vénus sort par la gauche; Psyché entre avec les Nymphes dans le palais. Le théâtre change.)

FIN DU CINQUIÈME TABLEAU.

SIXIÈME TABLEAU. — La chambre à coucher de l'Amour. Au fond, une alcove praticable avec lit antique. A gauche, un guéridon demi-circulaire, de forme gothique et chargé de vases de fleurs; ce guéridon doit être pratiqué pour monter du dessous. — Demi-nuit.

SCÈNE IX.
VÉNUS, entrant par la gauche avec précaution.

Mon fils est encore auprès de Jupiter... Voilà donc l'asile mystérieux, complice de son indigne mariage... c'est ici qu'entouré de ténèbres il passe les heures de la nuit près de cette épouse qui lui fait tout oublier... tout, jusqu'à sa mère,

Air des Frères de lait.

Oh! mais pour lui j'aurai de la mémoire,
Et, punissant une coupable erreur,
Malgré mon fils je défendrai sa gloire
En préservant sa jeunesse et son cœur
De ce penchant qui blesse mon honneur.
Punir, hélas! est un pénible rôle;
Mais un ingrat m'y contraint en ce jour.
Quand je comptais sur sa parole,
J'oubliais donc qu'il s'appelle l'Amour!..
Peut-on compter sur la parole
Du petit Dieu qu'on appelle l'Amour!

Bien d'autres que moi y ont été trompées... sans celles qui le seront encore!.. Mais ne devait-il pas plus d'égards à sa mère!.. Cruel enfant! ni mes supplications, ni mes larmes n'ont pu le détourner de sa passion funeste, et maintenant, pour briser les honteux liens qui l'enchaînent, je suis forcée de devenir perfide et cruelle... Il faut que j'entraîne une pauvre jeune

fille dans une démarche qui doit lui être fatale...
(Musique lointaine.) Mais des pas retentissent sous
les voûtes de cette galerie... on approche...
c'est lui... l'Amour au milieu de ses esclaves...
Tenons-nous à l'écart, et observons.

(Elle se cache au premier plan à droite.)

SCÈNE X.

L'AMOUR, ZAPHIRA, NYMPHES, AMOURS portant l'arc le carquois et le flambeau de Cupidon; VÉNUS, cachée. — Musique brillante.

L'AMOUR, s'appuyant un instant avec nonchalance sur l'épaule de Zaphira.

Enfin, me voici de retour dans mon palais, ce n'est pas sans peine... Jupiter d'un côté... les Déesses de l'autre... c'était à qui me retiendrai... Figure-toi Zaphira que depuis mon départ de l'Olympe, ces pauvres Dieux s'ennuient... mais s'ennuient!..

ZAPHIRA.
Je le conçois... et vous n'avez pas eu pitié d'eux?

L'AMOUR.
Ma foi, non... au contraire, je me suis bien vite esquivé pour accourir ici... Mon ciel, à moi, c'est le lieu qu'habite Psyché; tout mon bonheur est au sein de mon ménage.

ZAPHIRA.
C'est parler en bon époux!

L'AMOUR.
N'est ce pas? oh! le temps de mes folies est passé!.. Moi, le plus puissant des Dieux, j'abdique mon empire aux pieds d'une mortelle... En dépit de mes habitudes capricieuses, me voilà amoureux pour tout de bon... j'ai des idées d'ordre et de sagesse... enfin, je ne me reconnais plus !

Air : Je n'ai pas vu ces bosquets de lauriers.

Oui, Zaphira, je veux être rangé,
Et des maris devenir le modèle;
Jamais mon cœur ne sera partagé.
Je serai tendre et soumis et fidèle :
Près de Psyché, les instans me sont courts.
Et, juge ici de l'ardeur qui m'enflamme,
Je suis, moi prince des amours,
Marié depuis deux grands jours
Sans m'ennuyer près de ma femme !

ZAPHIRA.
Quoi! de plus exemplaire !

L'AMOUR.
Je sais que les mauvais sujets de l'Olympe me tournent en ridicule... mais bath! qu'est-ce que cela prouve?.. qu'ils enragent, et voilà tout!.. je n'en serai pas moins pour Psyché le plus tendres des amans... Mais, voici l'heure où elle doit se rendre ici... que tout le monde se retire...
(Il se jette sur son lit. — Tout le monde sort sur une musique douce. — Nuit complète.)

ZAPHIRA.
Monseigneur n'a rien à m'ordonner?

L'AMOUR.
Ah! tu m'y fais songer... si le vieux Jupin est assez indiscret pour me faire appeler pendant l'heure des ténèbres, tu ne me dérangeras pas... je n'y suis pour personne... consigne générale!..

ZAPHIRA.
Vous serez obéi, mon beau prince.

L'AMOUR.
C'est bien le moins qu'on ait quelques instans à soi, pour causer avec sa femme.

ZAPHIRA.
Sans doute... Allons, bonsoir, maître, dormez bien. (Elle se retire.)

SCÈNE XI.

L'AMOUR, sur son lit, VÉNUS, cachée.

L'AMOUR.
Dormir... quand je suis encore dans la lune de miel ! oh! non!..

VÉNUS, à part.
Comment, il ne va pas dormir !

L'AMOUR.
Je veux épier son arrivée... surprendre le léger bruit de ses pas...

VÉNUS.
Mais en la voyant entrer, une lampe à la main, il devinera son projet... et à l'instant même il disparaîtra pour échapper à sa curiosité... Oh! mon espérance serait-elle donc encore déçue!..

L'AMOUR.
Il me semble que ma femme est bien en retard aujourd'hui !..

VÉNUS.
Morphée, dieu du sommeil, je t'implore ! Viens à mon aide, je n'ai plus d'espoir qu'en toi !
(Musique en sourdine.)

L'AMOUR, après une pause.
Mais, d'où vient donc que mes paupières s'appesantissent?.. mes yeux se ferment malgré moi.
(En ce moment on voit paraitre, au fond, un petit génie ailé à la tunique d'azur, semée d'étoiles d'argent; il plane au-dessus du lit de l'Amour, sur lequel il laisse tomber des feuilles de pavot.)

VÉNUS.
Morphée exauce ma prière; le voilà qui secoue ses pavots sur la couche de mon fils !

L'AMOUR, endormi.
Psyché?... chère Psyché !...

VÉNUS, s'approchant de lui.
Il est profondément endormi !... (allant vers le fond et écoutant.) Psyché s'avance... pauvre enfant ! en la voyant si confiante en mes paroles, un sentiment de pitié s'élève malgré moi dans mon âme.

SCÈNE XII.

L'AMOUR, couché, PSYCHÉ, VÉNUS.

PSYCHÉ, entrant par la gauche, une lampe à la main; elle dépose la lampe sur le guéridon.

Merci, ma bonne sœur, tu es venu la première au rendez-vous...

Air : Vous lui direz qu'à la gloire, fidèle.

Eh ! mais, ma chère Nicolette,
D'où vient ton trouble... ta pâleur ?

ACTE II, SCÈNE XIV.

A t'obéir, quand je suis prête,
Par hasard, aurais-tu donc peur?
(Elle lui prend la main.)
Je lis l'effroi sur ton visage;
Un regret vient-il l'accabler?
Quand je comptais sur ton courage,
Ici je sens ta main trembler!
Tu devais doubler mon courage,
Et c'est toi que je sens trembler!

VÉNUS.
Oui, dans le premier moment... j'avoue...
(A part.) Entre mon fils et une obscure mortelle,
m'est-il donc permis d'hésiter?
PSYCHÉ.
Mon parti est pris!.. Quoi qu'il puisse arriver, je veux enfin percer ce mystère... Le doute n'est-il pas le plus affreux de tous les maux? Va, retire-toi, tu serais capable d'affaiblir ma résolution au moment où j'en ai le plus besoin.
VÉNUS.
Adieu donc! (à part.) Psyché, que ta destinée s'accomplisse! (Elle sort par la droite.)

SCÈNE XIII.
L'AMOUR, endormi, PSYCHÉ.

PSYCHÉ, reprenant sa lampe.)
Le démon de la curiosité me presse... me tourmente... me brûle!..
L'AMOUR, rêvant.
Psyché! ma petite Psyché... tu seras discrète...
PSYCHÉ.
Il me recommande d'être discrète... il est bien temps... Oh! non, je veux tout savoir..... Approchons... Grands dieux! que vais-je voir? C'est égal, je me risque... (Elle détourne vivement la tête et l'approche tout près du lit, la lumière de la lampe dirigée sur la figure de l'Amour.) Oh! le beau monstre! le beau monstre!... Qu'il est donc gentil quand il dort!.. Quel bon conseil ma sœur m'a donné là... (Le regardant de nouveau.) Une seule chose me contrarie... c'est qu'il a des ailes... mais s'il a des ailes, c'est l'Amour.. .Oui, c'est bien lui, lui que je voyais dans mes rêves... Oh! que je suis heureuse... j'ai épousé l'Amour!

Air : de Masini.

Je veux t'aimer gentil Amour,
D'une constante et vive flamme ;
A toi ma vie, à toi mon âme!
Mon âme... jusqu'au dernier jour!

Tu veux me cacher mon bonheur!
Eh bien! je saurai... pour te plaire,
Quoique femme, toujours me taire...
Vois si je t'aime avec ardeur.

Je veux t'aimer gentil Amour, etc.

Avant d'éteindre cette lampe, que je le voie encore.
(Elle approche la lampe près de l'Amour et la penche pour mieux le voir.)
L'AMOUR, se réveillant et jetant un cri.
Ah!
PSYCHÉ, effrayée.
Grand dieu! la flamme échappée de ma lampe a brûlé sa poitrine... Oh! pardonne-moi, pardonne-moi!
L'AMOUR, sévèrememt.
Psyché!.. Tu as bravé ma défense... ta curiosité nous a perdus tous deux.
(Ses ailes s'agitent, il quitte le lit de repos et s'élève dans les airs.)
PSYCHÉ.
Ah! malheureuse, qu'ai-je fait?..
(Le théâtre change.)

FIN DU SIXIÈME TABLEAU.

SEPTIÈME TABLEAU. — Un site sauvage et infernal, éclairé par les reflets de la lune ensanglantée; de oiseaux sinistres aux yeux flamboyans et de hideux reptiles s'agitent çà et là sur des rochers nus et arides. Au fond, un pic très élevé, dont la cime, cachée aux spectateurs, est censément battue par les eaux de la mer, hors de la vue du spectateur. — Feux follets, éclairs et tonnerre.

SCÈNE XIV.
PSYCHÉ, parcourant du regard le site infernal qui l'entoure.

Musique de M. Adolphe.

RÉCITATIF.

O terreur! ô destin funeste!..
Que vois-je! quels horribles lieux!
Sur moi s'appesantit la colère céleste..
Ah! je suis maudite des Dieux!
Le ciel est noir... et la lune sanglante,
De ses reflets hideux
Me glace d'épouvante...
Partout le deuil... partout le désastre et la mort!
(Elle se met à genoux.)

CANTABILE.

O toi qui causas ma misère,
Daigne prendre en pitié mon sort!
Un seul jour, si je te fus chère,
Ne repousse pas ma prière ;
Entends ma voix, Dieu des amours!
Dieu des amours,
Oh! viens à mon secours!
(Elle se lève tout-à-coup, troublée par le bruit de la foudre.)

AGITATO.

Rien encore... non rien... que le bruit de la foudre!
Que faire? que résoudre?
L'ingrat que je n'ai pu fléchir
Il m'abandonne!...
N'importe... essayons de fuir,
Ah! je l'aime trop pour mourir!..
(Elle se dirige vers la droite au fond.)
DÉMONS, paraissant tout-à-coup et lui barrant le passage.
Arrête!
PSYCHÉ, reculant.
Horreur! Ah! tout mon corps frissonne
Et mes genoux tremblans se dérobent sous moi...

Courage, cependant... surmontons mon effroi...
(Elle se dirige vers la gauche.)
AUTRES DÉMONS, *même jeu que ci-dessus.*
Arrête!

PSYCHÉ.
Inexorable chaîne!
O désespoir
Contre l'infernal pouvoir
Ma résistance est vaine...
Ah! courage toujours...
(Elle revient vers la droite, deuxième plan.)
NOUVEAUX DÉMONS.
Arrête!
PSYCHÉ, *éperdue.*
Hélas! adieu!
Vous tous que j'aimais sur la terre!
Bientôt, sous les coups du tonnerre,
Je vais périr dans ce cercle de feu!..
(Éclats de foudre. — Psyché arrive par degrés à tous les symptômes de la folie.)
Mais quel trouble de moi s'empare!
Et dans mon cœur glacé,
Quel vertige a passé!
C'en est fait... ma raison s'égare!..
(Elle gravit le grand rocher du fond et disparaît un moment : pendant ce temps d'absence les démons parcourent le théâtre en agitant des serpents qui leur servent de torches et vomissent des flammes.
— Les monstres et les oiseaux nocturnes prennent part à ces sombres ébats, et tous semblent joyeux de voir enfin succomber leur victime.)*

PSYCHÉ, *du haut du rocher.*
Au pied de ce rocher j'entends la mer mugir...
Oui... là... je veux mourir...
Dans les flots... mourir... mourir...
Ne plus souffrir!!!

(Elle croise les bras sur sa poitrine et se jette dans le gouffre. — Nouvelles démonstrations de la part des monstres et des démons : tout-à-coup le rocher du fond s'entr'ouvre par le bas et laisse voir le palais d'Amphitrite ; la déesse des eaux étend sur Psyché une main protectrice, tandis que celle-ci est évanouie et reçoit les soins d'une multitude de naïades empressées autour d'elle.)

UNE NAÏADE.
Psyché, la déesse Amphitrite te protège et te reçoit dans son palais!

(Fureur des démons qui parcourent la scène en poussant des hurlemens de rage. — Le rideau baisse. — Musique à l'orchestre.)

FIN DU SEPTIÈME TABLEAU.

FIN DU DEUXIÈME ACTE.

ACTE III.

HUITIÈME TABLEAU. — Une plage, sur les bords du golfe de Messine. La statue de Vénus est à droite, au troisième plan, à l'entrée d'un petit temple. A la gauche du premier plan, la cabane de Serpolet, avec accessoires qui indiquent une maison de pêcheur.

SCÈNE I.

SERPOLET, NICOLETTE, PÊCHEURS, FEMMES DE PÊCHEURS.

(Au lever du rideau, les pêcheurs sont occupés à préparer leurs filets au fond. Sur le premier plan, à gauche, Serpolet est assis tristement devant sa cabane; Nicolette le regarde avec dépit.)

CHŒUR DES PÊCHEURS.
Air d'introduction de Guillaume-Tell.

Allons, amis, le ciel présage
Un jour heureux pour les pêcheurs,
Quittons gaîment notre rivage
Puisque l'espoir est dans nos cœurs.

SERPOLET, *soupirant dans son coin.*
Ouf!

UN PÊCHEUR, *le regardant.*
Quel soupir!

NICOLETTE.
Eh bien! mes amis, c'est comme ça qu'il est depuis tantôt trois grands jours!

SERPOLET, *sans voir personne.*
Hélas!

NICOLETTE.
C'est plus un homme... c'est un soufflet de forge! *(Lui donnant un grand coup sur l'épaule.)* Ah ça! est-ce que tu n'auras pas bientôt fini de t'époumoner... Tu te rendras poussif.

SERPOLET.
Dondon, laissez-moi me livrer à mes regrets... laissez-moi verser des *pleurses*, Dondon.

NICOLETTE.
Faut-il être nigaudinos de se périr les yeux pour l'épouse d'un monstre... *(Arrangeant sa toilette.)* Comme s'il n'y avait que Psyché de femme au monde!

SERPOLET.
Vous avez beau me lancer vos yeux en coulisse et faire bouffer vot' fichu, je ne comprends pas... je ne veux pas comprendre.

Air: C'est des bêtis's d'aimer comme ça.

Allez, Dondon, de votre flamme.
Je ne suis pas du tout flatté,
Si vous voulez devenir femme;
Cherchez quelqu'un d'bonn' volonté;
Moi, Psyché m'fait perdre la tête,
Et si j'n'dois plus la revoir,
Je veux, dans mon désespoir,
Que les Dieux me chang'nt en bête.

NICOLETTE.
Alors qu'ils te changent en dindon,
Le changement ne sera pas long.

SERPOLET, sans l'écouter.
Qu'est-elle devenue? qu'est-ce qui me dira ce qu'elle est devenue? Ah! si je tenais le scélérat de monstre qui me l'a enlevée! il passerait un mauvais quart d'heure!

NICOLETTE, regardant en dehors.
Dites donc... dites donc, en parlant de monstre... voyez donc là-bas ce monsieur... comme il faut.

TOUS.
Ah! qu'il est laid!

Air de Mlle Loïsa Puget.

Le vilain magot que voici!
Ah! quelle tournure
De caricature!
Le vilain magot que voici!
Le monstre, serait-ce lui?

SCÈNE II.

LES MÊMES, CAPRICORNE, ses cornes sont dorées et il porte derrière la tête une large queue de de paon.

CAPRICORNE.
Suite de l'air.

Partout, que l'on me respecte,
Aux Dieux je suis attaché.

SERPOLET, le prenant au collet.
Ta figure m'est suspecte,
Dis-moi : Connais-tu Psyché?
Ici, nous cherchons un être
Dont le destin fit son maître...
Un être difforme et laid...
Réponds, car c'est ton portrait.

TOUS, l'entourant.
Le vilain magot que voici!
Oh! quelle tournure!
L'horrible figure!
Le vilain magot que voici!
Le monstre, serait-ce lui?

CAPRICORNE.
Manant, veux-tu me lâcher? veux-tu me lâcher, manant! Tu ne sais pas sur quoi tu oses porter la main... Apprends que ceci (Il se désigne.) vient d'être élevé à la dignité de demi-dieu. (Pirouettant sur lui-même.) Voyez un peu quelle tournure ça vous a, une moitié d'immortel! (Trébuchant.) Oh! j'ai manqué me jeter à terre.

NICOLETTE.
Comment, vous avez eu de l'avancement avec une tête pareille?

CAPRICORNE.
Oui, paysanne, demi-dieu préposé à la garde de la statue de Vénus. (Il la montre.) Avec la promesse d'être bientôt nommé trois quarts de dieu... rien que ça!.

SERPOLET.
Alors, il faut que tu sois un fier pas grand'-chose!

CAPRICORNE.
Silence, homme vulgaire... ou tremble d'être traité par Vénus comme ton orgueilleuse Psyché·

SERPOLET, comme réveillé en sursaut.
Comme Psyché!.. Mais, alors, tu sais donc ce qu'elle est devenue?

CAPRICORNE.
Oui, oui, je le sais... Dame Vénus lui a fait faire le plus joli plongeon...

TOUS.
Qu'entends-je?

CAPRICORNE.
Et dans le moment actuel, elle doit être à se promener au fond de la mer.

SERPOLET, avec colère.
Es-tu bien sûr de ce que tu dis?

CAPRICORNE.
Sûr et certain... La déesse s'est donné ce petit plaisir, et celui de déchaîner naguère sur la Sicile le tonnerre, les flots et l'Etna, toujours à l'intention de la belle.

NICOLETTE.
Dieux! que les femmes sont méchantes!

SERPOLET.
Vous l'entendez, mes amis... Vénus, que nous adorions à genoux!.. Vénus, à qui nous élevions des temples, des statues!

TOUS.
Anathême, anathême!

SERPOLET.
Brisons son idole!

TOUS.
Oui, oui! brisons son idole!

CAPRICORNE.
Un instant! Je proteste...

Il fait mine de vouloir défendre la statue; on le repousse.

CHOEUR.

Air : Allons, amis, profitons des instans.

Brisons, amis,
L'idole de Cypris,
Qu'on encensait naguère
En tous lieux de la terre!
Brisons, amis,
L'idole de Cypris;
Et dans notre colère,
Dispersons ses débris!

(Sur les dernières mesures du chœur, Serpolet et les pêcheurs ont brisé la statue.)

SERPOLET, désignant Capricorne.
A présent, tirons à l'oie cet infâme magot!

CAPRICORNE.
Qu'entends-je? Tirer à l'oie un demi-dieu!.. Insensés! je vous brave tous... Je proteste!.. je proteste comme fonctionnaire... et je me sauve!
(Il s'enfuit par la gauche, tout le monde le poursuit en lui jetant des fragmens de la statue.)

SCÈNE III.

SERPOLET, seul, il tient à la main une jambe de la statue.

Scélérat! gueusard! assassin... Tiens, voilà pour toi... (Il jette le morceau en dehors.) Je l'ai manqué... je crois même que j'ai attrapé Nicolette... Pauvre Nicolette! elle a du malheur aussi, elle... car enfin, all' m'aime, all' m'adore, cette infortunée! Si j'essayais de l'épouser pour me guérir de l'amour!.. ma foi, non, je ne veux pas être heureux avec elle... je s'rais trop malheureux!.. (Regardant la mer.) Dire que cet ignoble océan a eu la lâcheté d'engloutir ma première femme et de me laisser veuf sans avoir été marié!.. Et dire que j'ai la bassesse de chercher ma vie dans les entrailles de cet être aquatique... Ça ne sera plus... je renonce à la plaine liquide... Plaine liquide, je te méprise!.. je vais retirer mes filets et les mettre en pièces... Au moins, comme ça, j'aurai la satisfaction de me laisser mourir de faim. (Musique à l'orchestre pendant qu'il retire ses filets.) Je parie qu'il n'y a pas seulement une sardine... (Tirant.) Tiens, comme ça pèse... Est-ce que j'aurais pêché la baleine pour la dernière fois... eh ben! tant mieux, ça ne me fait pas peur... je ne serais pas fâché d'avoir affaire à un monstre, même marin... (Tirant.) Arrive... arrive un peu que je te parle. (Le filet est jeté sur le rivage : il en sort un énorme coquillage.) Qu'est-ce que c'est que ça? une huître... par exemple! elle en ferait bien six cents douzaines à elle seule... (Dénouant tout-à-fait son filet.) Oh! le beau coquillage, tout d'or, d'azur et d'argent...

SCÈNE IV.

SERPOLET, PSYCHÉ.

PSYCHÉ, soupirant dans le coquillage.
Ah!..

SERPOLET.
Qu'est-ce que j'entends? une voix qui sort de ce crustacée!.. Ça me donne la chair de poule!..

PSYCHÉ, sortant du coquillage qui s'entrouvre.
Oh! qu'un peu d'air... qu'un rayon de soleil fait de bien!

SERPOLET, la voyant sans la reconnaître.
Une femme! Ah ça! je suis donc ensorcelé!

PSYCHÉ.
Merci, grand Jupiter.

SERPOLET.
Elle m'appelle Jupiter!..

PSYCHÉ.
Tu me donnes la vie.

SERPOLET, après l'avoir examinée.
Mais plus que j'écoute, plus que je regarde... plus que j'en crois mes yeux et mon ouïe... Non, je n'ai pas la berlue, c'est elle, c'est Psyché!

PSYCHÉ, avec égarement.
Psyché... Qui a prononcé ce nom?..

SERPOLET.
Moi, moi, Mamzelle. (A part.) Ah! mon Dieu! comme ses yeux sont hagards! Elle se sera donné un coup à la tête contre les murs de sa maison.

PSYCHÉ.
Tu la connais donc?..

SERPOLET.
Tiens, si je la connais... cette question. (A part.) C'est fini... elle est toquée. (Haut.) Et vous, est-ce que vous ne me reconnaissez pas?.. Serpolet, votre quasi-époux.

PSYCHÉ.
Un époux! oui, Psyché avait un époux...

SERPOLET, à part.
Ça revient.

PSYCHÉ.
Un époux jeune...

SERPOLET.
Ça revient encore!

PSYCHÉ.
Aimable...

SERPOLET.
Ça revient toujours!

PSYCHÉ.
Bien fait...

SERPOLET.
C'est parfaitement revenu!

PSYCHÉ, en confidence.
Tu ne sais pas... Ils le lui ont enlevé... et depuis ce temps-là elle ne fait que pleurer...

SERPOLET, à part.
Pauvre chérie!.. moi qui croyais qu'elle ne pouvais pas me souffrir...

PSYCHÉ.
Elle ne le reverra jamais, n'est-ce pas?..

SERPOLET.
Peut-être... peut-être... Regardez-moi bien en face...

Air de la Visite à Bedlam.

Son regard était plein de flamme.

SERPOLET.
Comme le mien.

PSYCHÉ.
Et sa voix l'écho de son âme.

SERPOLET.
Écoutez bien...

PSYCHÉ.
Non, quand on le voit on soupire
D'un doux émoi,
Et lorsqu'on te voit, ça fait rire,
Ce n'est pas toi.

SERPOLET.
Comment, ça n'est pas moi... Alors, elle s'est donc déjà mariée en secondes noces.

PSYCHÉ, le prenant, à part.
Il ne faut en parler à personne... Mais il paraît qu'on lui avait dit que c'était un monstre.

SERPOLET, à part.
C'est de l'autre qu'elle est folle! Oh! la la!

PSYCHÉ.
Eh bien! ce n'était pas vrai... c'était le plus beau de tous les hommes, le plus gentil de tous les Dieux.

SERPOLET, à part.
Elle me perce le cœur, me pourfend la poitrine!

PSYCHÉ.
Pauvre garçon! tu es triste... tu pleures... c'est comme elle... Il l'a quittée... abandonnée... il s'est envolé... et cela, pour une erreur... un peu de curiosité, pendant cette nuit fatale.

SERPOLET.
Une nuit! Je tombe en ruines!
(Il se soutient contre un arbre.)

PSYCHÉ.
Mais, aussi, pourquoi a-t-elle offensé Vénus..

Pourquoi l'a-t-elle bravée, elle, une simple mortelle?.. Car, tu ne sais pas... je ne t'ai pas encore dit mon nom... Je suis Vénus!
SERPOLET.
Bon! la voilà Vénus, à présent... Quant à moi, je sais ben ce que je suis.
PSYCHÉ.
Est-ce que tu en douterais, mortel téméraire?
SERPOLET.
Je ne doute plus de rien... malheureusement... Allez, mamzelle, c'est affreux! et si vous étiez dans votre bon sens ordinaire, je vous dirais... mais, non, je ne veux rien vous dire... j'aime mieux aller me pendre, m'empoisonner, oui, sans bargugner davantage, je vais me poignarder... Un poignard, que je me pende!.. une corde, que je me poignarde!

(Il sort en pleurant.)

SCÈNE V.

PSYCHÉ, seule; elle s'est assise sur une pierre et est restée rêveuse, sans écouter les derniers mots de Serpolet.

Pas un miroir pour me regarder... Pas une nymphe pour veiller aux soins de ma parure... Oublient-ils que je suis une déesse? (Se levant.)

Air nouveau de M. Adolphe.

Où donc est le palais, et l'autel et le temple
Où l'on me contemple,
Où chacun à l'envi me nomme pour toujours
Reine, oui, reine des amours!
(Avec joie.)
Quel objet s'offre à ma vue?
Un noble piédestal! Il attend la statue!
Ah! l'on m'encense, on reconnaît ma loi,
Fille des Dieux, du sein de l'onde,
Je nais pour régner sur le monde...
Mortels, je suis Vénus, mortels, adorez-moi!

(Sur la ritournelle, elle se dirige vers le piédestal, puis y monte et y prend la pose gracieuse qu'avait la statue de la déesse.)

SCÈNE VI.
PSYCHÉ, VÉNUS, CAPRICORNE.

CAPRICORNE, entrant avec Vénus.
Je vous dis, grande déesse, qu'ils ont brisé votre statue et qu'ils ont manqué de me briser moi-même.
VÉNUS.
Tu mens!
CAPRICORNE.
Vous êtes bien bonne... Mais je vous jure qu'ils m'ont lapidé avec vos augustes fragmens, et que j'ai encore un coup de votre pied gauche qui me fait un mal affreux à mon œil droit... (Lui indiquant la statue.) Mais tenez, tenez, regardez vous-même... Voilà bien une autre histoire!..
VÉNUS.
Que vois-je? n'est-ce point une illusion?.. cette orgueilleuse mortelle... oser usurper mes droits!

PSYCHÉ, sur le piédestal.
« Mortels, je suis Vénus, mortels adorez-moi. »
VÉNUS.
Ah! c'en est trop... moi, qui me reprochais de l'avoir persécutée... qui la plaignais déjà... Elle me brave... Eh bien! qu'elle n'accuse qu'elle-même de sa perte... Divinités des ténèbres, paraissez à ma voix... Et vous, Dieux de l'Olympe, venez voir comment Vénus sait venger un affront.

SCÈNE VII.

LES MÊMES, LES DIEUX DE L'ENFER ET DE L'OLYMPE, puis L'AMOUR.

(Les Dieux infernaux montent du dessous, tandis que ceux de l'Olympe descendent sur une gloire qui, jusqu'à la fin du tableau, couvre le fond de la scène.)

FINAL.

Air : de Donizetti.

CHŒUR DES DIEUX, au fond.

O! Vénus, sœur des Dieux,
De cette terre
A monté jusqu'aux cieux
Ta voix si chère!
Te plains-tu d'un affront?..
Notre puissance
Tient la vengeance
Ou le pardon.

O Vénus, sœur des Dieux,
Notre puissance
Peut donner en ton nom
Vengeance ou pardon.

(La musique continue à l'orchestre : Psyché, toujours en proie à son délire, descend lentement du piédestal et vient se mettre sur le devant du théâtre. — Vénus la montre aux Dieux étonnés.)

PSYCHÉ, répétant son refrain.
« Mortels, je suis Vénus, mortels adorez-moi. »
VÉNUS.
Vous l'entendez!.. Parques, je vous ordonne de trancher le fil de ses jours!
(Coup de tam-tam; Psyché tombe morte sur le théâtre.)
(Parlé sur un trémolo.)
L'AMOUR, il arrive précipitamment et contemple Psyché avec désespoir.
Ah! Psyché! chère Psyché!
VÉNUS.
Tes regrets sont superflus!..
L'AMOUR, qui a posé sa main sur le cœur de Psyché.
Morte!.. (Il pleure près d'elle.)
VÉNUS.
Morte!
L'AMOUR, parlé, à part.
Oh! j'irai me jeter aux genoux d'Hécate... et la mort me rendra sa proie...
VÉNUS, à part.
Insensé! Vénus lit dans ton cœur... elle te rasurveille!..

(Les Dieux infernaux s'enfoncent lentement dans l'abîme, en emportant Psyché. Le théâtre change.

FIN DU HUITIÈME TABLEAU.

NEUVIÈME TABLEAU. — Le royaume des ombres. A droite, le trône d'Hécate, autour duquel sont rangés le Temps et les Parques. Au fond, le fleuve d'Oubli; il est praticable. — Le décor occupe à peine trois plans.

SCÈNE VIII.

HÉCATE, OMBRES, qui sur un signe d'Hécate, paraissent par la gauche.

HÉCATE.

Habitantes de ce séjour, une nouvelle sœur vous arrive; allez recevoir son ombre aux portes des enfers.

(Les Ombres sortent par la droite. La musique cesse.)

SCÈNE IX.

HÉCATE, puis CAPRICORNE.

HÉCATE.

Pauvre Psyché, trop tôt ravie à la terre, que ton ombre consolée trouve l'oubli de tes maux dans le séjour du silence et de la mort! Si jeune!.. et mourir! O ma sœur Vénus, tu t'es vengée bien cruellement... (Voyant entrer Capricorne.) Que vient faire en ces lieux ce signe du zodiaque?

CAPRICORNE.

Reine du pays des pavots, déesse des nuits sans matin... je prendrai la liberté de vous faire observer que je suis présentement une demi-divinité et de plus un messager d'état. (A part regardant de tous côtés.) Je ne l'aperçois pas.

HÉCATE.

Qui peut vous amener? et pourquoi ces regards indiscrets que vous jetez de tous côtés?

CAPRICORNE.

Ne faites pas attention, je suis payé pour ça.

HÉCATE.

Mais, enfin, le motif de votre visite?

CAPRICORNE.

Directrice des pompes funèbres... je viens dans vos catacombes pour y remplir, de la part de dame Vénus, une mission diplomatique de la plus haute importance... Autrement dit, je viens faire une visite domiciliaire...

HÉCATE.

Dans mes états! De quel droit?

CAPRICORNE.

Du droit du plus fort... je suppose... C'est toujours ainsi qu'on traite de puissance à puissance... Du reste, j'ai ordre d'y mettre tous les égards possibles... et je vais vous expliquer pourquoi dame Vénus... (On entend Cerbère aboyer en dehors.) Mais qu'a donc le fidèle Cerbère, votre chien à la triple tête... (A part.) Est-ce qu'il m'annoncerait l'arrivée de notre rebelle de fils!

HÉCATE, elle regarde en dehors.

Un mortel... Quel audace! Oser pénétrer ici.

SCÈNE X.

LES MÊMES, SERPOLET, qui a autour du cou une corde brisée.

SERPOLET, à la cantonade.

A bas! à bas! à c'te niche... (Il entre.) Scélérat de boule-dogue!.. il m'a déchiré mes effets... Sois tranquille, va, je te flanquerai une boulette... c'est-à-dire trois boulettes!..

CAPRICORNE.

Manant!.. Respect à une Déesse et à un demi-dieu...

HÉCATE.

Que viens-tu faire ici, malheureux?

SERPOLET.

Pardon, excuse, Madame et la compagnie... (Reconnaissant Capricorne.) Tiens! c'est le tout-laid de là-haut!.. Comment que ça va, tout-laid?

CAPRICORNE.

Maroufle!..

SERPOLET.

Moi... ça va pas pire... ça va même très bien... pour un mort.

HÉCATE.

Oublie-tu que je t'ai interrogé?

SERPOLET.

Ah! oui... c'est vrai... Vous désirez savoir pourquoi que je viens flâner dans ce local... Eh bien! je viens, en ma qualité de pendu, vous demander à être nourri, logé, chauffé, éclairé et blanchi aux frais du gouvernement.

CAPRICORNE.

Un instant... je m'y oppose... Tu n'es pas décédé.

SERPOLET.

Ah ben! en v'là une bonne!.. Pas décédé... moi, qui me suis suspendu hier, soi même, de mes mains... propres, aux branchages d'un olivier... emblême de la paix... Oui, oui, oui... ô Hécate, c'est comme j'ai l'avantage de vous le dire.

Air du vaudeville de l'Ours et le Pacha.

Psyché foll', j' suis devenu fou,
Et, désirant lui rendre hommage,
Je me suis mis la corde au cou,
En mémoir' de notre mariage.

CAPRICORNE.

Quel conte!

SERPOLET.

Vous doutez encor?
N' craignez-vous pas que je vous vole;
Quand un homme vous dit qu'il est mort,
On doit le croire sur parole.

CAPRICORNE.

Tu t'es pendu?.. C'est possible... mais tu t'es manqué; tu t'es mal pendu... la corde a cassé... Tiens, regarde plutôt.

SERPOLET, regardant le bout de corde qu'il a au cou.
C'est, ma foi, vrai!.. je n'ai plus qu'une simple cravate... Une corde toute neuve... qui m'avait coûté si cher... J'attaquerai le marchand en dommages-intérêts.
HÉCATE.
Silence !
SERPOLET, tremblant.
Oui... ô Hécate !
HÉCATE, à Capricorne. Quart de dieu !..
CAPRICORNE.
Demi-dieu... si ça vous est égal.
HÉCATE.
Soit... Suivez-moi... venez me confier le secret de votre mission... (A Serpolet.) Quant à toi, malheureux, sors à l'instant de mes domaines, ou je te livre aux Euménides.
(Elle se dirige vers la droite.)
CAPRICORNE, à Serpolet.
Aux pâles Euménides !
(Il sort avec Hécate.)

SCÈNE XI.
SERPOLET, seul.

Connu, connu, tes femmes pâles... Intrigant... (Revenant sur le devant de la scène.) Mais a-t-on idée de ça ?.. Moi, qui croyais en avoir fini avec la monotone exis ence... moi, qui croyais établir ici mon domicile politique... je m'ai manqué !.. je suis vivant ! j'ai des dents... un nez ! une bouche ! des oreilles, et cœtera... et cœtera !.. C'est affreux... (Se tâtant.) Oh ! oui, oh ! oui, oh ! oui... Je ne suis pas une ombre... plus que je me tâte, et plus que j'acquiers la certitude de mon identité.

Air : Comme il m'aimait.

C'est toujours moi !
Non, je n'ai pas pu me détruire,
C'est toujours moi !
Et très bien portant, sur ma foi.
Si j' pense à manger, je soupire ;
(Il se chatouille et rit.)
Si j' me chatouille... ça me fait rire...
C'est toujours moi.

Ah ça ! maintenant que me voilà un simple être, je vas donc retomber dans des *sentimentaleries* interminables... Je trouve que c'est fatigant... Il faut que j'en finisse... il faut que je cherche un moyen sûr de porter une main homicide sur mon frêle individu.

(Il réfléchit. Ici, l'ombre de Psyché paraît, venant de la droite ; elle est suivie de l'Amour.)

SCÈNE XII.
SERPOLET, L'AMOUR.

L'AMOUR.
Serai-je donc réduit à ne plus voir errer que ton ombre... ô Psyché ! ma Psyché !
(L'ombre disparaît.)

SERPOLET, sur le devant du théâtre.
O Psyché ! Psyché !
L'AMOUR, au fond, à part.
Quelqu'un a prononcé son nom... Eh mais ! c'est ce malheureux Serpolet. Pauvre diable ! Il l'aimait aussi, lui !
SERPOLET, à lui-même.
Parbleu ! je suis bien bon de chercher si loin un moyen... il y a ici des ondes... Plongeons-nous dans les ondes ; ce sera une affaire bâclée.
(Il se retourne et court.)
L'AMOUR.
Arrête, Serpolet.
SERPOLET.
Jeune homme à plumes, que me voulez-vous ?.. Je n'éprouve que des désagrémens dans les Champs-Élysées !..
L'AMOUR.
Tu as aimé Psyché ?.. Je veux faire quelque chose pour toi...
SERPOLET.
Faites-moi mourir ; c'est tout ce que je vous demande, puisque je ne peux pas oublier celle que mes yeux ne verront plus.
L'AMOUR, lui présentant une coupe qu'il a remplie dans le fleuve.
Tiens, bois.
SERPOLET.
De la poison !.. Merci, jeune homme à plumes. (Il prend la coupe et, après avoir fait une petite grimace, la vide tout d'un trait.) Il ne reste pas une traître goutte... Tu seras bien forcée de me recevoir, ô Hécate !.. Eh ben ! qu'est-ce qu'il y a donc ?.. ça ne me déchire pas mes petites entrailles... je ne meurs pas... (Avec colère.) Encore une mistification... (L'Amour sourit.) Eh ! il rit, il rit, encore... (Changeant de ton.) Oh ! que c'est singulier ! que c'est donc cocasse !.. Il me semble que, dans le peu d'esprit que j'ai, un nuage se forme entre hier et aujourd'hui... je ne me souviens plus de rien du tout... Est-ce que ce breuvage... vous l'auriez puisé dans ce fameux fleuve qu'on appelle le fleuve d'Oubli ?
L'AMOUR.
Oui...

SERPOLET.
Air : Eh ! gai ! gai ! gai !

Psyché, par ton sourire,
Ai-je donc été charmé ?
Non, c'était un délire,
Je n'ai jamais aimé...
Eh ! gai, gai, gai, je perds la mémoire,
Tout pour moi r'commence aujourd'hui ;
Le passé , je viens de le boire.
Vive l'eau du fleuve d'Oubli !

L'AMOUR.
Eh bien ! tu ne me remercies pas
SERPOLET.
Moi ?.. De quoi donc ? Est-ce que vous m'avez rendu service ? Après ça...
(Suite de l'air.)

C'est possible... mais , moi, j' pense,
Comm' tant de gens bien nés :
En fait de r'connaissance,
J' vous dis à votre nez...
(Il fait un geste comique.)

Eh ! gai, gai, gai, je perds la mémoire,
Tout pour moi r'commence aujourd'hui ;
Le passé, je viens de le boire,
Vive l'eau du fleuve d'Oubli !

(Il sort par la droite gaîment et en sautant.)

SCÈNE XIII.

L'AMOUR, puis HÉCATE et CAPRICORNE.

L'AMOUR, à lui-même.

L'Oubli ! Moi aussi, je pourrais l'appeler à mon aide ! Mais, non... Psyché, frappée par ma mère avant l'heure marquée par le Destin, doit m'être rendue... et on me la rendra ! que diable ! Je suis Dieu, ou je ne le suis pas... (Réfléchissant.) Emploierai-je auprès d'Hécate la menace ou la douceur ? La douceur... oui, cela vaut mieux, même un peu de calineries... Les femmes aiment beaucoup qu'on les caline... (Hécate paraît au fond.) La Déesse ! ayons l'air, d'abord, de ne pas la voir !

SCÈNE XIV.

HÉCATE, L'AMOUR.

HÉCATE, à elle-même.

L'Amour ici... je ne sais ce que j'éprouve... quand on n'a pas l'habitude... Comme il est triste ! pauvre petit !

L'AMOUR, à part, mais de manière à être entendu.

Quel sera le succès de ma démarche ? Hécate sera-t-elle insensible ? Oh ! non, car elle est belle, très belle.

HÉCATE, à part.

Comme il s'exprime avec grâce !

L'AMOUR, même jeu.

Et tant d'attraits, de charmes réunis doivent cacher une belle âme.

HÉCATE, à part.

Il a de très bons principes.

L'AMOUR, même jeu.

Elle m'écoutera... oh ! oui, elle se laissera fléchir... et je ne dois plus hésiter à me présenter devant elle... (Il se retourne et feint de l'apercevoir pour la première fois.) Quoi ! vous, ici ! vous, si près de moi, charmante Hécate !

HÉCATE.

Air : Et voilà comme tout s'arrange.

Oui, flatteur, je vous écoutais...
A ma beauté, sans conséquence,
Vous osiez prêter des attraits !

L'AMOUR.

Quoi ! la vérité vous offense ?

(Il se jette à ses pieds.)

Pourtant, je n'espère qu'en vous.

HÉCATE.

Monsieur, relevez-vous, de grâce...

L'AMOUR.

Non, c'est mon droit, car, entre nous,
Quand l'Amour est à vos genoux...
Chacun n'est-il pas à sa place ?

HÉCATE, à part.

Comme il est galant ! (Haut, avec douceur.) Eh bien ! voyons, que me voulez-vous ?

L'AMOUR, à part, se relevant.

Je la tiens... (Haut.) Belle Hécate, ne devinez-vous pas ce qui m'amène ? J'aime Psyché... (Hécate fait un peu la moue.) Je l'aime, comme je vous aurais aimée... si je ne l'avais pas vue la première.

HÉCATE.

Eh bien ! enfin ?

L'AMOUR.

Eh bien ! rendez-la-moi...

HÉCATE.

Y songez-vous ?.. Votre mère...

L'AMOUR.

Ma mère ignore que je suis ici.

HÉCATE.

Elle le sait, au contraire.

L'AMOUR.

Encore un tour de Capricorne !

HÉCATE.

Justement.

L'AMOUR.

Si vous le vouliez bien, nous pourrions encore lui échapper... Capricorne ne peut avoir eu le temps de la prévenir... Ah ! ne perdons pas un instant... Rendez-moi Psyché... rendez-la-moi, et j'embellirai ce séjour de toutes les séductions de mon empire... rendez-la-moi, et je crée pour vous une triple couronne... Vous serez Hécate aux enfers, et, sur terre, ou la chaste Diane, ou la tendre Phœbé, à votre choix.

HÉCATE.

Il se pourrait !

L'AMOUR, avec feu.

Rendez-la à mes prières... et moi, qu'on encense, moi... qu'on adore partout, je vous aimerai, je vous adorerai... je vous embrasserai.

(Il l'embrasse.)

HÉCATE, toute troublée.

Assez, assez, Monsieur ! (A part.) En vérité, ce petit être me fait tourner la tête... et je ne sais pas, vraiment...

(L'Amour la regarde en riant. En ce moment la barque du vieux Caron paraît au fond, sur le fleuve, portant les Dieux de l'Olympe.)

VÉNUS, sur la barque.

Hécate... songe :
Que l'avare Achéron ne lâche pas sa proie.

HÉCATE, à part.

Les Dieux ! Il était temps !

L'AMOUR, à part.

Ma mère ! Tout est perdu !

SCÈNE XV.

LES MÊMES, VÉNUS, JUPITER, CAPRICORNE, DIEUX et DÉESSES.

(Vénus, Jupiter et tous les Dieux sont venus sur le devant de la scène.)

JUPITER, riant avec ironie.

Eh ! eh ! commère Hécate, il paraît que nous nous laissons influencer par ce petit drôle ?

ACTE III, SCÈNE XVI.

L'AMOUR, à Jupiter.
Majesté divine... prenez pitié de mon désespoir... (Bas, à part.) Entre mauvais sujets...
JUPITER, bas.
Certainement, je ne demanderais pas mieux...
Je me moque pas mal de l'avare Achéron !..
mais j'ai promis à ta mère...
VÉNUS, s'approchant de Jupiter.
Maître des Dieux... je réclame votre serment.
JUPITER.
C'est vrai, j'ai juré par ma barbe... C'est Vénus seule qui doit prononcer.
L'AMOUR.
Ma mère !
VÉNUS.
Taisez-vous... Une mortelle a osé m'offenser ; elle appartient aux Enfers. Que les Enfers la gardent, et que mes autels se relèvent plus respectés et plus brillans que jamais... Mon fils, je vous ordonne de nous suivre dans l'Olympe.
L'AMOUR, résolument.
Jamais !.. Si Psyché ne doit pas renaître, son époux restera près d'elle.
VÉNUS.
Qu'entends-je ?
L'AMOUR.
Oui, ma mère... J'ai promis d'être à elle pour toujours... Eh bien ! mon ombre consolera la sienne... Vous le savez, à cet arc est attachée ma vie... J'y renonce, et je le brise pour mourir avec elle... (Il fait le geste de briser son arc.)
VÉNUS.
Arrêtez !.. Quoi ! je n'aurais plus de fils !
JUPITER.
Nous n'aurions plus d'Amour au ciel... Ça serait contrariant !
L'AMOUR.
Parlez, ma mère... Ou Psyché, ou la mort de votre fils !
VÉNUS, avec douceur.
Petit démon ! Il est donc écrit qu'aucune femme ne pourra te résister... Tu le veux ?.. (Avec effort.) Eh bien ! que Psyché... que ma rivale... Oh ! mais, jamais je n'aurai la force de prononcer ce mot... Jupiter, je te remets ta parole.
L'AMOUR.
Ma mère ! oh ! que je vous aime...
(Il l'embrasse.)
JUPITER.
Que l'ombre de Psyché nous apparaisse.
(Musique à l'orchestre. Plusieurs ombres viennent en scène : celle de Psyché est au milieu.)

SCÈNE XVI.

LES MÊMES, L'OMBRE DE PSYCHÉ, PLUSIEURS OMBRES.

JUPITER.
Comme président des Dieux, demi-dieux, et quarts de dieux, nous ordonnons que Psyché renaisse... en vertu de notre pouvoir discrétionnaire... que chacun de nous lui fasse un don suivant ses moyens et ses facultés.
(La musique continue en sourdine.)
VÉNUS, soupirant.
Puisqu'il le faut, je lui donne la grace et la gentillesse.

JUPITER.
A vous, Phœbus.
PHŒBUS.
Moi, les talens et le génie.
JUPITER.
Et vous, Minerve ?
MINERVE.
Je lui donne la sagesse et la constance.
L'AMOUR, bas à Minerve.
Merci, oh ! mille fois merci !
JUPITER.
Quant aux autres... il suffira qu'ils votent en silence, qu'ils approuvent du bonnet... ça se fait toujours comme ça dans les assemblées, quand les grands orateurs ont parlé. Pour moi, je fais à Psyché le don de l'immortalité... Psyché ! reviens à la vie,
(Forté à l'orchestre : le linceuil de Psyché tombe, et elle paraît dans le brillant costume du second acte : l'Amour s'approche d'elle, et la prend dans ses bras.)
L'AMOUR.
Psyché, que j'entende ta douce voix...
(Psyché fait signe qu'elle ne peut parler.)
JUPITER.
Miséricorde ! nous avons oublié la parole.
CAPRICORNE, se tournant vers les Déesses.
Quelle est celle de ces dames qui veut lui céder la parole ?..
TOUTES LES DÉESSES, ensemble.
Pas moi, pas moi, pas moi.
CAPRICORNE, qui est sorti un instant.
Il y a là madame la Vérité qui consent...
JUPITER.
La Vérité... (Cherchant à l'apercevoir.) je ne la vois pas.
CAPRICORNE.
Elle est ici, à côté... Elle n'ose pas paraître devant tout le monde, vu son costume...
JUPITER.
Ah ! oui... je saisis...
CAPRICORNE.
Mais, je vous le répète, elle consent à devenir muette en faveur de Psyché... Elle prétend, madame la Vérité, que lorsqu'elle ouvre la bouche tout le monde ferme les oreilles, et qu'ainsi il est inutile qu'elle parle.
JUPITER.
C'est juste... (Haut.) Psyché, la Vérité renonce pour toi à la parole.
PSYCHÉ, avec beaucoup de volubilité et de joie.

Air : Je parle.

Je parle ! Ah ! quel bonheur !
Je parle parle ! ah ! quelle ivresse !
Ne plus parler, d'honneur,
M'aurait fait mourir de douleur !
Je veux, c'est entendu,
Parler, parler, parler sans cesse !
Oui, ce don m'est rendu.
Réparons bien le temps perdu !

JUPITER, à part.
Quel déluge !

Suite de l'Air.

PSYCHÉ.
Parler, assurément,

LES AMOURS DE PSYCHÉ.

Est un bien qui de tout console ;
Sans ce doux agrément,
La femme étoufferait, vraiment !
Quelle félicité
De pouvoir, comme Éole,
Vole
Parler à volonté,
Pendant toute l'éternité...

REPRISE.

Je parle, ah ! quel bonheur !
Je parle, parle, ah ! quelle ivresse ! etc.

CAPRICORNE.

La revoilà femme au grand complet.

L'AMOUR.

Mes amis de l'Olympe et de l'Enfer,
je vous invite tous aux noces de Psyché.

VÉNUS, à part.

Allons, je serai grand'mère !

FIN DU NEUVIÈME TABLEAU.

DIXIÈME TABLEAU — Le temple de l'Amour, resplendissant de lumière. Les Ombres se sont changées en nymphes ; la teinte sombre des premiers plans a disparu. La garde d'honneur de Psyché, les esclaves de l'Amour et les personnages du prologue forment partout des groupes élégamment disposés, pendant que Cupidon conduit sa fiancée à sa mère et à Jupiter, assis au fond, sur une estrade.

CHŒUR GÉNÉRAL.

Chantons l'Amour et buvons l'Ambroisie ;

Que les neuf Sœurs préparent leurs accords ;
De Cupidon, la compagne chérie
Est enlevée aux sombres bords.

FIN.

MM. les Directeurs de province qui désireront monter LES AMOURS DE PSYCHÉ sont priés de s'adresser, pour la musique, au théâtre des Folies-Dramatiques, à M. Anotrux, chef d'orchestre, qui a composé pour cet ouvrage plusieurs morceaux remarquables.

(Note des Éditeurs.)

Imprimerie de Madame de Lacombe, rue d'Enghien, 37.

www.ingramcontent.com/pod-product-compliance
Lightning Source LLC
Chambersburg PA
CBHW070443080426
42451CB00025B/1330